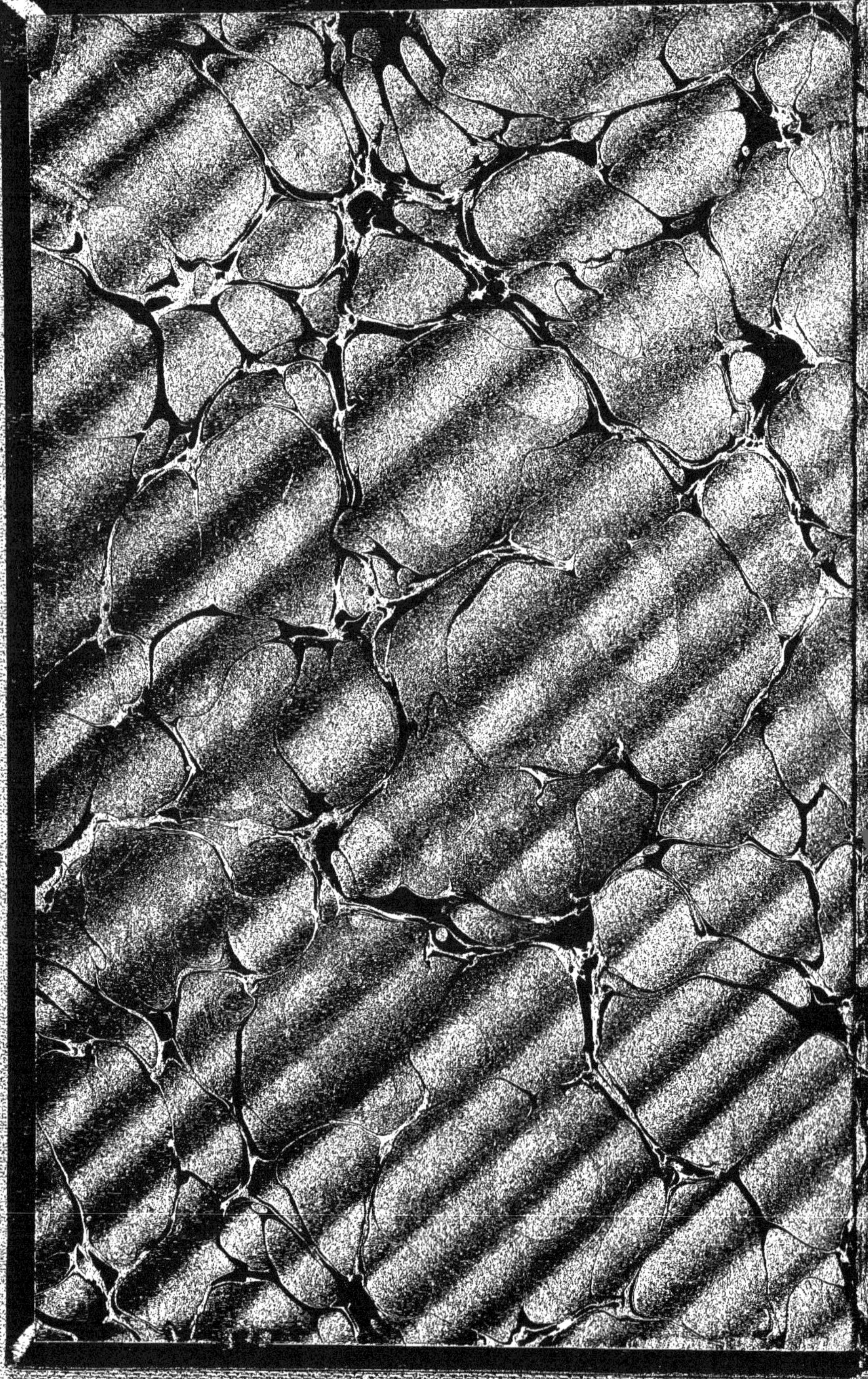

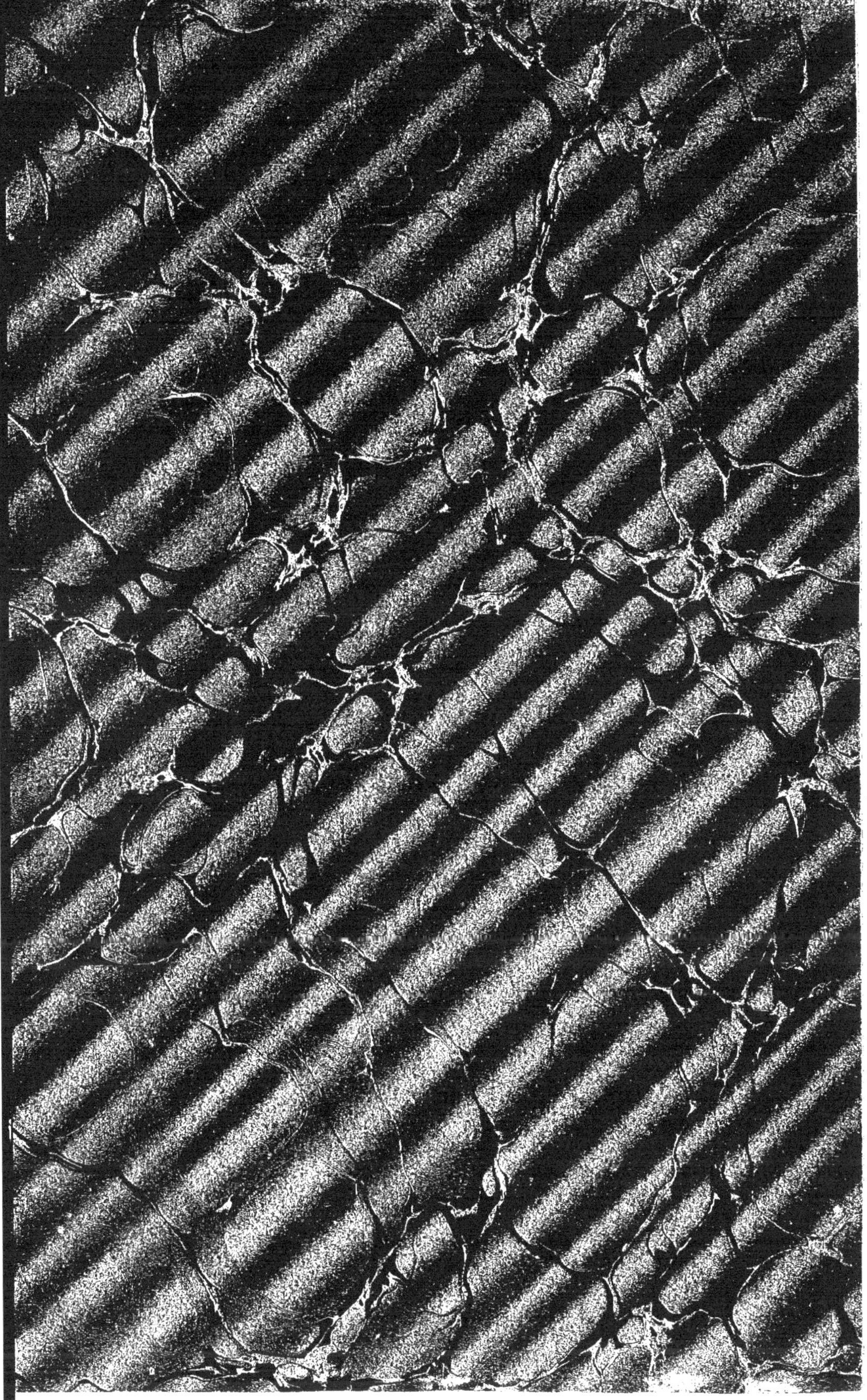

LES CATALOGUES ILLUSTRÉS

PAR

GABRIEL DE SAINT-AUBIN

V — VI

CATALOGUES DE VENTES

ET LIVRETS DE SALONS

ILLUSTRÉS PAR

GABRIEL DE SAINT-AUBIN

Ce volume, publié par la
SOCIÉTÉ DE REPRODUCTION DES DESSINS DE MAITRES,
a été tiré à cent vingt-cinq exemplaires numérotés.

Publications de la Société de Reproduction des Dessins de Maitres

CATALOGUES DE VENTES

ET

LIVRETS DE SALONS

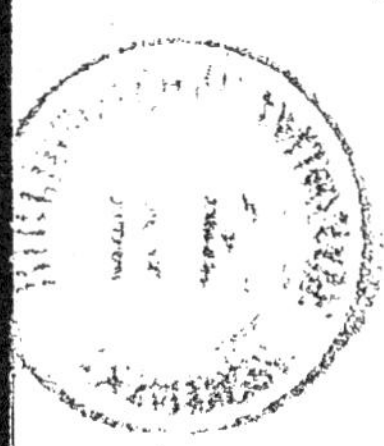

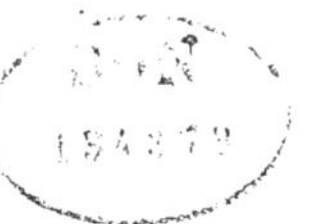

ILLUSTRÉS PAR

GABRIEL DE SAINT-AUBIN

Introduction et Notices

par

ÉMILE DACIER

V. — Catalogue de la Vente Louis-Michel Vanloo (1772)

VI. — Livret du Salon de 1761

PARIS

AU SIÈGE DE LA SOCIÉTÉ

19, Rue Spontini, 19

1911

CATALOGUE

DE LA

VENTE LOUIS-MICHEL VANLOO

Catalogue

de la Vente Louis-Michel Vanloo

(Cabinet des Estampes de la Bibliothèque Nationale)

On lit dans la *Correspondance littéraire* de Grimm, à la date du 1er avril 1771 :

« Louis-Michel Vanloo, chevalier de l'ordre du roi, premier peintre du roi d'Espagne, ancien recteur de l'Académie royale de peinture et sculpture, directeur des élèves protégés par Sa Majesté, mourut le 20 mars dernier, d'une fluxion de poitrine, âgé de soixante-quatre ans.

« Michel, sans valoir son oncle, Carle Vanloo, n'était pas un artiste méprisable ; il excellait principalement dans le portrait ; il était d'ailleurs recommandable par l'honnêteté et la probité les plus rares : lorsque les qualités les plus essentielles sont poussées au plus haut degré, il me semble qu'elles méritent bien autant notre admiration que des talents sublimes. En s'approchant de Michel, on se trouvait comme dans une atmosphère d'honnêteté ; il la transpirait, pour ainsi dire, par tous les pores ; et avec elle, un calme, une sérénité, qui vous rafraîchissaient le sang, comme disait M. de Mairan. Sans le connaître, on aimait à être assis à côté de lui, sans autre raison que parce que l'honnête homme se repose délicieusement à côté de l'honnête homme. Je n'ai jamais vu une physionomie plus honnête que celle de Michel : c'était celle de son âme.

« Il vivait avec sa tante, la veuve de Carle, avec sa sœur (1), sa nièce ; il était l'ami, le chef, le père de toute la famille : leur profonde douleur fait plus éloge funèbre que tout ce que je pourrais dire. Il a passé une partie de sa vie en Espagne. Il est mort pauvre, parce qu'il a toujours vécu honorablement. Il confia un jour toute sa fortune, acquise par son travail, à un ami qui fit naufrage : il ne regretta que son ami. Michel laisse un frère, Amédée Vanloo, premier peintre du roi de Prusse, qui est de retour à Paris depuis deux ans ; c'est le dernier, mais aussi le plus faible des Vanloo.

« On ignore à qui sera donnée la place de directeur des élèves pensionnaires du roi. On parle de la supprimer ou d'en diminuer le nombre. Cela fait couler les larmes de la douleur et de la confusion. Cet établissement coûte à l'État 15.000 livres tous les ans ; et l'on ose dire que le roi ne peut le soutenir, vu le délabrement actuel de ses finances ! Michel Vanloo tenait cette pension depuis la mort de Carle ; et depuis quatre ans, il n'avait rien touché de la cour, et s'était vu dans la nécessité de faire toutes les avances pour la nourriture et l'entretien de ces élèves ; il est dû à sa succession, pour ce seul objet, environ 60.000 francs. On lui devait depuis plus de dix ans 30.000 francs d'ouvrages ordonnés pour le compte de Sa Majesté : en 1769, on lui paya cette somme en billets de Nouette, qui perdaient 70 pour cent sur la place ; en 1770, les intérêts de ce papier furent réduits de 5 à 2 et demi ; c'était tout juste lui enlever la moitié de la somme qui lui était légitimement due depuis nombre d'années. Michel parlait de toutes ces pertes comme de choses absolument étrangères à son bonheur, à son repos, à son existence ; et l'on voyait bien que ce qui n'intéressait ni l'honneur, ni le sentiment, ni l'amitié n'avait jamais effleuré son âme » (2).

Cette oraison funèbre, si éloquente en sa simplicité, contient en raccourci toute la biographie de Louis-Michel Vanloo ;

(1) Marie-Anne Vanloo, mariée à Antoine Berger, négociant à Madrid (*Invent. après décès* de L.-M. Vanloo).

(2) *Correspondance de Grimm*, éd. Tourneux, t. IX, p. 287.

elle ne demande à être complétée que sur quelques points de détail et par quelques dates.

Louis-Michel Vanloo était né à Toulon le 2 mars 1707; formé par son père Jean-Baptiste (1), il obtint le prix de Rome en 1725 et entra, en 1733, à l'Académie royale de peinture, où il devint, dans la même séance du 2 juillet 1735, adjoint à professeur et professeur. Quelques années plus tard, le roi d'Espagne Philippe V l'appela auprès de lui et le nomma son premier peintre; pendant son séjour à Madrid, il prit une part active à la fondation de l'Académie de San Fernando. Rentré en France en 1752, il fut nommé directeur de l'École royale des élèves protégés et mourut le 20 mars 1771, dans le logement qu'il occupait au Louvre depuis le 10 août 1763 et dans lequel il avait remplacé son frère Amédée, lors du départ de celui-ci pour la Prusse.

I

C'est là que, le 22 avril 1771 et jours suivants, fut dressé l'inventaire après décès, à la requête de Charles-Amédée-Philippe Vanloo, premier peintre du roi de Prusse, frère du défunt, et de Marie-Anne Vanloo, sa sœur, femme d'Antoine Berger, négociant à Madrid, « elle demeurant chez le feu sieur son frère »; un autre frère de Louis-Michel, Hippolyte Vanloo, « sous-

(1) Voici, pour l'intelligence de cette notice, un tableau généalogique sommaire des peintres de la famille Vanloo.

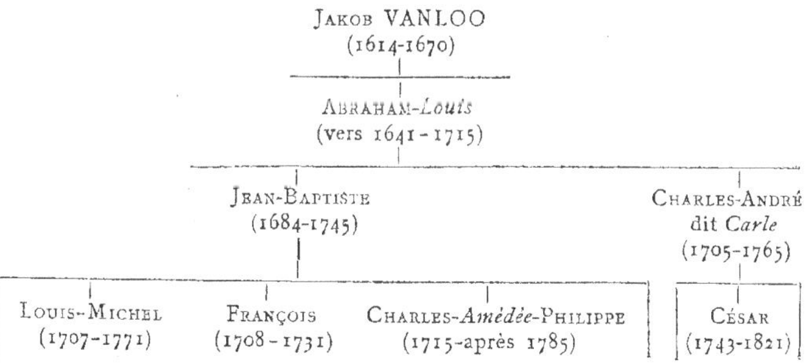

On trouvera une généalogie détaillée, par Ch. Ginoux, dans les *Nouv. Arch. de l'art fr.*, 3e série, t. VI (1890), p. 257.

lieutenant au régiment d'infanterie valonne », était absent, retenu au service de Sa Majesté très chrétienne (1).

Suivant l'usage, le notaire Picquais parcourt successivement le grenier, le « cabinet de M. Vanloo servant d'atelier » — une pièce donnant sur la cour et tendue de « petite satinade verte » —, l'antichambre aussi sur la cour, une autre antichambre donnant sur la rue Froidmanteau (2); il pénètre ensuite dans le « salon de compagnie » sur la cour, tendu de damas cramoisi, meublé de fauteuils couverts de velours d'Utrecht de même couleur, de tables de bois sculpté et doré à dessus de brèche, d'un lustre de cristal de Bohême, etc., et orné d'une cheminée à deux glaces, avec bras-appliques dorés d'or moulu; il entre dans la chambre à coucher, aussi sur la cour, décorée de tentures semblables à celles du salon; il visite la salle à manger, sur la rue Froidmanteau, aux murs garnis de « seize gravures sous verre, dont quatorze d'après M. Vernet représentant *les Ports de mer de France*, et les deux autres aussi d'après M. Vernet »; et termine par la chambre de Mme Berger, celle de la femme de chambre et celle de la cuisinière. Une fois l'estimation de tous les meubles terminée, on procède à la prisée du contenu des armoires: vaisselle, linge, garde-robe, bijoux, argenterie (celle-ci abondante et de bonne sorte). On fait appel au concours du spécialiste Chariot, marchand de tableaux, pour expertiser les peintures décorant les diverses pièces de l'appartement ou se trouvant dans l'atelier de l'artiste; deux tableaux de famille sont exclus de la prisée : l'un représentant *la Famille de Carle Vanloo*, et l'autre « *L.-M. Vanloo faisant le portrait de son père*, Mme sa sœur le regardant ». On passe en revue les « habillemens à l'usage des mannequins »; on énumère quelques livres (en vérité, fort peu nombreux) et le contenu de la cave, beaucoup mieux garnie que la bibliothèque : « treize pièces de vin rouge, crû de Mâcon, de la récolte de 1769; 60 bouteilles environ remplies de vin de la Malgue, de la récolte de 1750; et 150 bouteilles environ remplies de vin d'Espagne » (le tout estimé 2827 livres). Pour terminer a lieu le dépouillement des papiers, où tout est métho-

(1) Cet inventaire fait partie du minutier du notaire Picquais, aujourd'hui conservé chez Me G. De Ridder, qui a mis la plus parfaite bonne grâce à me le communiquer; je suis heureux de l'en remercier ici.

(2) La rue Froidmanteau ou Fromenteau commençait à l'angle de la place du Palais-Royal pour finir au premier guichet du Louvre.

diquement rangé : contrats de rentes, sommes dues par le roi, billets à ordre, notes et quittances, documents généalogiques, etc. L'acte prend fin sur l'énumération, faite par Mme Berger, des sommes dues à son frère depuis 1769, tant comme directeur de l'École des élèves protégés que pour les avances faites par lui aux divers fournisseurs de l'École : épicier, boulanger, boucher, domestiques, apothicaire, tapissier, faïencier, marchand de bois, de vin, de toile, etc.; et la lecture de cette partie de l'inventaire est bien faite pour compléter et corroborer ce qu'on sait par ailleurs du désintéressement de Louis-Michel Vanloo.

J'ai dit que l'on avait expertisé des peintures, et il me faut y revenir. L'excellent artiste, en effet, ne laissait pas seulement le souvenir d'un parfait honnête homme et d'un bon peintre, doué, comme tous ceux de sa famille, des aptitudes les plus diverses; sa réputation de fin connaisseur était depuis longtemps établie et son cabinet passait pour renfermer nombre de peintures des plus grands maîtres. L'avertissement du catalogue de la vente, que nous allons étudier, ne manque pas de le faire remarquer, en insistant sur la façon dont cette collection avait été réunie : le premier noyau, formé par Jean-Baptiste Vanloo qui l'avait légué à son fils aîné, avait reçu de celui-ci des additions importantes, au cours des voyages de l'artiste à l'étranger. « On ne doit donc pas être étonné de trouver dans ce catalogue, d'ailleurs peu étendu, un aussi grand nombre de morceaux rares et précieux. La France, l'Espagne et l'Angleterre, qui ont été le séjour de nos deux artistes et où ils ont laissé des preuves non équivoques de leur mérite, furent les sources d'où ils tirèrent, à force de temps, de patience et d'argent, les excellents tableaux dont on présente aujourd'hui la notice au public » (1). Rien d'étonnant, après cela, que leur cabinet ait « toujours joui, parmi les connoisseurs, de la plus grande réputation » : « il est peu d'amateurs françois ou étrangers, qui n'ayent désiré le voir, et qui n'ayent admiré le goût qui règne dans le choix des tableaux qui le composent » (2).

Un exemple de l'intérêt que portaient les amateurs à la galerie de tableaux de Louis-Michel Vanloo nous est précisément fourni par Diderot. On sait que le fondateur de l'*Encyclo-*

(1) *Avertissement* du catalogue.

(2) *Avertissement* du catalogue.

pédie était, en quelque sorte, l'agent littéraire et artistique de l'impératrice de Russie à Paris ; on se souvient de l'avoir vu mêlé, en cette qualité, aux négociations engagées entre Catherine II et les héritiers de L.-A. Crozat, baron de Thiers, en vue de l'acquisition, par l'impératrice, des importantes collections de cet amateur (1). Or, le 15 novembre 1769, c'est-à-dire près de trois ans avant l'achat de la collection Crozat, Diderot écrit à son ami le sculpteur Falconet, alors à Saint-Pétersbourg : « J'ai trouvé pour Sa Majesté impériale les deux plus beaux Vandermeulen qu'il y ait peut-être en Europe. Ils sont d'une belle grandeur et de chevalet. Ils font pendants. Ils sont frais comme s'ils venaient d'être finis, mais l'on ne veut pas les séparer et l'on y met un grand prix pour deux raisons : la première, c'est qu'ils sont très précieux ; la seconde, c'est qu'ils appartiennent à un homme fou de tableaux, qui en achète tous les jours et qui ne me cède ces deux-ci que pour me procurer une occasion de faire ma cour à une souveraine à qui je dois le repos dont je jouis (2). C'est Michel Vanloo. Ils lui viennent de la succession de Carle (3). J'ai vu chez Piquois, notaire, l'inventaire où ils sont portés à 16.000 francs ; c'est-à-dire, à un quart au-dessous de leur valeur, selon l'usage. Vanloo en veut 24.000 » (4).

La lettre suivante de Diderot à Falconet n'est pas datée ; on y relève une nouvelle allusion aux Van der Meulen de Michel Vanloo : « Pour les Vandermeulen, voici la troisième fois que je vous écris que j'en ai deux superbes sous la main (5). Ce sont deux sujets de batailles idéales. Ils ont été peints en Hollande. Ce sont deux Teniers pour la touche. Ils appartiennent à Michel Vanloo de qui je les obtiendrais. Ils ont été appréciés pour la veuve, à l'inventaire de Carle, 16.000 [livres]. Michel en veut 24. Ils ont chacun 5 pieds 4 pouces 6 lignes de largeur, sur

(1) Voir à ce propos le t. I de la présente publication, pp. 50 et s., et le t. II, p. 7.

(2) Vers 1765, sur l'entremise de Grimm, Catherine II avait acheté la bibliothèque de Diderot, moyennant une somme assez ronde (15.000 l.), plus une rente annuelle, et lui avait laissé l'usufruit de ses livres.

(3) La vente après décès de Carle Vanloo s'était faite le 12 septembre 1765. Les deux Van der Meulen n'y figurent pas.

(4) Diderot, éd. Tourneux, t. XVIII, p. 319. — On a vu plus haut que le nom exact du notaire est non pas Piquois, mais Picquais (en charge de 1768 à 1789).

(5) Une des lettres de Diderot a dû s'égarer, car on ne trouve que deux allusions à ces peintures dans sa *Correspondance*.

3 pieds 6 pouces et 6 lignes de hauteur. J'attendrai là-dessus votre agrément et les ordres de Sa Majesté » (1).

L'importance du prix demandé effraya-t-il Catherine II ? On ne sait. Toujours est-il que les propositions de Diderot ne reçurent aucune suite ; les Van der Meulen restèrent chez Michel Vanloo, où nous aurons l'occasion de les retrouver.

Quoiqu'il en soit, on peut juger par ces extraits de l'intérêt que portaient les amateurs à la galerie du peintre collectionneur « fou de tableaux », au dire de Diderot. Aussi, une fois l'artiste disparu, la vente de son cabinet fut-elle attendue avec impatience et curiosité.

Le catalogue est donné à l'impression au début de septembre 1772 et bientôt mis en distribution chez Basan, le marchand de tableaux faisant fonctions d'expert, et chez Chariot, l'huissier-priseur chargé de diriger les vacations. Ce catalogue est publié en deux états différents : le titre et l'avertissement, dont on a lu plus haut les passages essentiels, sont les mêmes dans les deux tirages ; mais, dans l'un des états, les descriptions des peintures sont beaucoup plus développées que dans l'autre (2). Par contre, dans celui-ci, on lit cet entrefilet terminal : « Les Amateurs pourront voir lesdits Tableaux les 9, 10, 11 et 12 décembre 1772, depuis neuf heures du matin jusqu'à deux heures après midi, dans les deux salles où ils seront exposés, aux Grands-Augustins ».

Naturellement, tous les habitués des salles de ventes s'empressent de répondre à cette invite, témoin le graveur Wille, qui écrit dans son *Journal*, à la date du 8 décembre : « La collection de tableaux de feu M. Michel Vanloo, premier peintre du

(1) DIDEROT, t. XVIII, p. 321. — Le catalogue de la vente L.-M. Vanloo donne comme dimensions : L. 5 pieds 6 pouces sur H. 3 pieds 6 pouces.

(2) Ces deux tirages du catalogue sont à la B. N. Le plus développé est au Cabinet des estampes (c'est celui dont on trouvera plus loin la reproduction en fac-similé) ; c'est une brochure in-8° qui se compose du titre et de l'avertissement (p. 1-8) et du catalogue proprement dit (p. 9 à 44). Le plus abrégé, de même format, est au Département des imprimés (8° V. 36 [1542]) ; il comprend le même titre et le même avertissement que pour le précédent (l'avertissement est composé en caractère plus petits, p. 1-6) et le catalogue (p. 7-32). On notera que, par suite d'une faute d'impression, le tirage des Estampes porte : 31 août 1771, comme date d'approbation, tandis que le tirage des Imprimés porte : 31 août 1772 ; la date du permis d'imprimer est la même pour les deux : 2 septembre 1772.

roi d'Espagne et chevalier de Saint-Michel, étant exposés pour être vendus, vers le 14, aux Grands-Augustins, je fus les voir, accompagné de M. Daudet » (1).

Et tout en parcourant les salles, où sont réunis les quelque cent numéros formant la collection, on se murmure les noms des auteurs du catalogue: Dandré-Bardon, le peintre et critique d'art, originaire d'Aix-en-Provence et, comme tel, en relations d'amitié avec la famille Vanloo; d'Alembert, un autre ami de la famille; et Gabriel de Saint-Aubin, le dessinateur parisien, amateur et connaisseur, fureteur, badaud et curieux, qu'on rencontre partout où il y a quelque événement à saisir, quelque curiosité à voir, quelque œuvre d'art à admirer, quelque nouvelle à apprendre, et qui est présent à l'exposition, le crayon à la main, couvrant de dessins les marges de son catalogue, y croquant quelques silhouettes de visiteurs au milieu des reproductions des peintures qu'on va vendre, en attendant qu'il y inscrive les noms des acheteurs et le chiffre des enchères (2).

On passe en revue cet ensemble de bonne tenue, on loue la conservation des peintures, on remarque les « très belles bordures sculptées et dorées » qui les font valoir, on discute les attributions et on tombe d'accord pour reconnaître, avec les rédacteurs du catalogue, « qu'aucun nom d'auteur n'y est hasardé ». Ce qui frappe au premier coup-d'œil, dans la collection, c'est la variété de sa composition: sur 85 numéros portés au livret, dont certains sont doubles et dont les trois derniers comprennent des lots de tableaux, dessins et estampes non détaillés, la moitié environ est formée par des peintures de l'école française et plus de la moitié de cette moitié par des œuvres de tous les Vanloo. Un quart est réservé aux Italiens; un autre quart, occupé par les Flamands, les Hollandais et les Espagnols réunis.

Chacune de ces catégories contient plusieurs numéros remarquables, œuvres de maîtres et quelquefois chefs-d'œuvre. Parmi les Français, on s'arrête devant un *Palais au bord de la mer*, de Claude Lorrain (nº 17), six Sébastien Bourdon (nºs 46-51), un *Port de mer d'Italie*, par Joseph Vernet (nº 81), que l'on sait avoir été offert par l'auteur à son ami L.-M. Vanloo et qui faisait

(1) *Journal* de Wille, éd. Duplessis, t. I, p. 534.

(2) Voir plus loin p. 25, la page de titre du catalogue illustré et les notes sur cette page.

pendant, chez lui, à la *Marine* de Claude Lorrain (n° 17); enfin un *Bas-relief* de Chardin, représentant des jeux d'enfants et imitant un bronze de François Du Quesnoy. Le catalogue assigne à ce morceau d'illustres origines et le dit provenir de la collection de Pierre Crozat et de celle de L.-A. Crozat, baron de Thiers (1); mais on se rappelle, devant ce bas-relief, une anecdote dont Jean-Baptiste Vanloo, le père de Louis-Michel, fut autrefois le héros et l'on se demande si cette peinture n'est pas la même que celle qu'il avait achetée, avec tant de bonne grâce et de générosité, à Chardin, lors des débuts de l'artiste à une Exposition de la Jeunesse, en 1732. Celui-ci, alors tout à fait inconnu, «avait exposé à la place Dauphine un tableau d'un bas-relief de bronze parfaitement imité et peint avec tout le goût possible; M. Vanloo lui demanda quel prix il mettait à ce tableau. Celui-ci [Chardin], peu accoutumé à être payé avantageusement, n'évalua son ouvrage qu'à un prix médiocre. « Il vaut mieux que cela reprit M. Vanloo; il est à moi»; et il le lui paya davantage. Qu'on juge de l'effet d'un pareil témoignage d'estime, de la part d'un homme célèbre comme l'était l'illustre J.-B. Vanloo » (2).

Parmi les Italiens, on remarque un Titien, un Paul Véronèse, un Tintoret, un Guide, entourés de maîtres de second ordre. L'école espagnole est représentée par deux Vélazquez (n°s 8 et 9) : un *Buste de vieillard*, qui paraît être une étude pour le *Ménippe* du Prado, et un *Portrait en pied de l'infant d'Espagne, fils de Philippe IV*, que le croquis de Saint-Aubin permet en effet d'identifier avec un portrait du prince Balthasar Carlos debout, analogue à celui du Musée de Vienne.

Les Flamands comptent un Rubens (*Tête de vieillard*, n° 24); deux portraits de femmes de Van Dyck (n° 25 et 26), reconnaissables, d'après les dessins de Saint-Aubin et la description du livret, l'un comme le portrait de la reine Henriette Marie d'Angleterre et l'autre comme celui de Lucy, comtesse de Carlisle; quatre David Teniers (n°s 30 à 33), dont une *Fête flamande* de grande dimension (n° 30; h. 4 pieds 5 p.; l. 5 pieds 4 p.); les deux *Batailles* de Van der Meulen déjà mentionnées, que

(1) Cette peinture de Chardin ne figure pas dans le catalogue de la collection de L.-A. Crozat, baron de Thiers, dressé en 1755, et dont les pages illustrées ont fait l'objet d'une étude dans le t. Ier de la présente publication.

(2) *Mémoires sur les membres de l'Académie royale de peinture et sculpture*, t. II, p. 432. — Sur cette peinture et ses origines, voir plus loin p. 35, note 1.

Diderot avait tant désiré acquérir pour Catherine II (n° 52); et plusieurs œuvres de moindre importance.

Les Hollandais, moins nombreux, sont représentés par trois Rembrandt (nos 27 à 29) : un *Buste de Notre-Seigneur*, qui paraît être celui de la collection J. G. Johnson, à Philadelphie ; un *Buste de femme*, non identifié (peut-être une Hendrickje Stoffels); et un *Buste d'homme*, qui, sauf par les dimensions, correspond exactement au *Philosophe juif* de l'ancienne collection Maurice Kann ; un *Chirurgien de village* de Jean Steen (n° 37); une *Tabagie* d'Adrien Brouwer (n° 36) ; un *Paysage animé* de Ph. Wouwerman (n° 34); et quelques autres.

Tout compte fait, on retrouve ici les noms qu'on est accoutumé à rencontrer dans toutes les galeries du XVIIIe siècle et les peintures qui font alors partie d'office, si l'on peut dire, d'un cabinet d'amateur vraiment digne de ce nom ; sans doute, on peut y relever la présence de quelques « têtes de séries » d'une importance exceptionnelle, mais il n'en demeure pas moins que l'éclectisme de cette petite collection ne suffirait pas à lui donner une originalité particulière. Ce qui retient davantage, dans la collection de Louis-Michel Vanloo, c'est justement les peintures de tous les Vanloo qu'on y rencontre et dont un grand nombre ont aujourd'hui disparu. Les historiens d'art, en général si friands de travaux tout faits, si fidèles aux mêmes artistes sur lesquels ils peuvent à leur aise ressasser des idées admises, si peu curieux de recherches, de découvertes, voire de vérifications sur les originaux, n'ont pas encore touché à la famille Vanloo. Il y a là trop de problèmes à résoudre et une trame trop touffue de noms et d'œuvres à débrouiller; il y a là une tâche trop ardue, sans doute, et un travail de trop longue haleine pour notre époque de production superficielle et hâtive. Mais il y a là aussi un magnifique morceau d'histoire à écrire, qui s'étend sur l'espace d'un siècle entier et qui se ramifie, par des influences reçues ou exercées, à l'Europe presque entière. Celui qui aura le courage d'entreprendre cette belle étude devra consulter les sept pages du catalogue de la vente Louis-Michel Vanloo, réservées aux œuvres de cette dynastie de peintres célèbres, et les mettre sur fiches ; à l'aide des croquis de Saint-Aubin, nul doute qu'il puisse établir quelques jolies identifications au cours de ses recherches dans les musées et les collections.

Peut-être découvrira-t-il les deux portraits de Jakob Vanloo, l'ancêtre de la famille (n° 53), l'un dans lequel il s'était peint lui-même en Arménien et l'autre dans lequel il avait représenté son propre père, à la manière de Rembrandt.

Jean-Baptiste et Carle, les deux frères, figurent au catalogue, le premier avec huit peintures (n° 54-60, le n° 60 est double) et le second avec sept peintures et deux dessins (n° 67-74, le n° 73 est double). Parmi les peintures de Jean-Baptiste, on citera : *Diane et ses nymphes*; l'esquisse du *Saint Pierre délivré de sa prison* pour le tableau de Saint-Germain-des-Prés ; une *Flagellation*, réplique de la peinture gravée par Caylus ; une *Tête de vieillard* levant les yeux au ciel ; le *Portrait de Louis XV* en cuirasse, gravé par Daullé ; et des copies d'après Raphaël et Van Dyck. Pour Carle, il est représenté par : *Énée sauvant son père Anchise*, de l'ancien cabinet de Lalive de Jully, qui passera par la collection du prince de Conti avant d'entrer au musée du Louvre ; un *Saint Pierre repentant;* l'esquise très poussée du *Vœu de Louis XIII*, exposée au Salon de 1746, en vue d'un tableau pour les Petits-Augustins de la place des Victoires ; une esquisse de *Sainte Clotilde* pour un tableau destiné à la chapelle du château de Choisy, exposée au Salon de 1753 et aujourd'hui au musée d'Angers ; l'esquisse dessinée au bistre de *Médée et Jason*, avec les portraits de Mlle Clairon et de Lekain dans ces deux rôles, pour la peinture exposée au Salon de 1759 et aujourd'hui conservée à Potsdam, dans les collections impériales d'Allemagne ; une esquisse pour *Vertumne et Pomone;* deux académies peintes ; et un grand dessin de *la Présentation au Temple*, préparation du tableau exposé au Salon de 1746.

Enfin, sur les trois fils de Jean-Baptiste Vanloo, — Louis-Michel, François et Amédée, — celui-ci seul est absent, et cela s'explique assez bien quand on se rappelle que le premier peintre du roi de Prusse a quitté la France en 1763 et n'y est rentré qu'en 1770. Pour François, mort prématurément en 1731, à l'âge de vingt trois ans, alors qu'il revenait de Rome, il serait bien intéressant de retrouver *le Triomphe de Galathée* (n° 75) et les deux études de *Femmes nues endormies* (n° 76 et 77), mentionnées au catalogue avec une académie d'homme (n° 78); il est bon d'ajouter que Saint-Aubin a donné, du premier de ces tableaux, un grand dessin, qui permettra aux chercheurs de conclure à coup sûr s'ils rencontrent l'original.

C'est un de ces dessins de Saint-Aubin — non pas celui du présent catalogue, mais celui du livret du Salon de 1769 (1), — qui a permis tout récemment à M. René Charrier de retrouver en Russie *l'Étude* de Louis-Michel Vanloo portant le n° 62 de la vente. Elle se rencontre ici avec sept autres peintures (n° 61 à 66 ; le n° 66 comprend trois tableaux) : *la Madeleine pénitente; l'Amour tenant son carquois*, gravé par Klauber ; *l'Éducation de l'Amour*, exposé, comme *l'Étude* au Salon de 1769 ; le *Portrait en pied d'un jeune Mylord, vêtu à l'espagnole*, et trois grands portraits copiés d'après Van Dyck (2).

II

La vente était fixée par le catalogue au lundi 14 décembre 1772 et jours suivants ; et cette date est confirmée par les *Annonces, affiches et avis divers* du même jour, où l'on trouve, outre les tableaux mentionnés au catalogue, une seconde partie comprenant des objets mobiliers : « tentures, lits de damas cramoisi, sièges de velours d'Utrecht, commodes, feux dorés d'or moulu, glaces, lustres de cristal, bureau de Boule, etc. ».

Elle paraît s'être faite dans de bonnes conditions, à en juger par le produit total, que nous savons être de 58.732 livres 3 sols (3). A de rares exceptions près, les acheteurs sont des marchands : Basan, Lempereur, Le Brun, Hamon, Remy, Paillet, Folio, Boileau, Joullain, Sorbet, etc., agissant soit pour leur compte, soit par commission, comme la chose se passe encore aujourd'hui. On voit aussi quelques acquéreurs nouveaux venus, évidemment peu familiers à Saint-Aubin qui a pris soin de griffonner sur son livret leur adresse à la suite de leur nom. Enfin, on aperçoit aussi des amateurs habitués à suivre en personne les vacations : M. de Saint-Yves, par exemple, et aussi ce Godefroy de Villetaneuse, que nous avons déjà rencontré à la vente

(1) Voir le tome Ier de cette publication, p. 73.

(2) On trouve, dans l'inventaire après décès, un certain nombre de peintures de L.-M. Vanloo qui n'ont pas figuré à la vente; par exemple : « huit têtes de différents portraits commencés », et « cinq portraits finis d'hommes et de femmes » ; une *Mise au tombeau;* une *Diane découvrant la grossesse de Calipso* (sic); un tableau allégorique *la Rosée du matin*, représentée par une femme, etc.

(3) Les catalogues de la B. N. ne donnent pas ce total ; on le trouve sur un exemplaire faisant partie de la Bibliothèque d'art et d'archéologie.

Du Barry et qui n'est autre que le fils aîné du banquier et joaillier Charles Godefroy, l'ami de Chardin ; c'est ce même « M. de Villetaneuse » que Chardin a peint adolescent dans *le Jeune homme au violon* du Louvre, en même temps qu'il représentait son jeune frère, Gabriel Godefroy, dans *l'Enfant au toton* (1).

Parmi les professionnels, il en est un qui mérite une mention spéciale : c'est Ménageot, marchand de tableaux, rue Saint-Thomas du Louvre. On connaît par des lettres de Diderot à Robert Tronchin quelques détails sur ce personnage et sur sa réputation d'expert honnête et renseigné. Lorsqu'il est entré en pourparlers avec les héritiers de L.-A. Crozat, baron de Thiers, c'est à Ménageot que Diderot s'est adressé pour l'estimation des tableaux ; il le considère en effet comme « un homme dont c'est le métier depuis quarante ans d'apprécier des tableaux, artiste et brocanteur, et qui jouit de la réputation d'honnête homme » (2). Or, on voit Ménageot faire, à la vente de Louis-Michel Vanloo, un certain nombre d'acquisitions, parmi lesquelles le *Moïse sauvé des eaux* de P. Véronèse (n° 2), le *Palais au bord de la mer* de Claude Lorrain (n° 17) et une *Tête de vieillard* de Rubens (n° 24), et l'on sait, par une lettre de Galitzin à François Tronchin, conservée dans les archives de la famille Tronchin, que Ménageot opérait pour le compte de Diderot, et Diderot pour le compte de Catherine II, tout au moins en ce qui concerne ces trois peintures (3). En effet, il semble bien qu'on retrouve deux de ces peintures à Saint-Pétersbourg, au musée de l'Ermitage : *le Moïse sauvé*, de P. Véronèse, et la *Tête de vieillard*, de Rubens ; quant au *Palais au bord de la mer*, il est plus difficilement reconnaissable parmi les Claude Lorrain du Musée impérial (4).

(1) Voir plus loin, p. 35, la note du n° 81 de la vente.

(2) Lettre de Diderot à Robert Tronchin, publiée dans *le Conseiller François Tronchin et ses amis*, par H. TRONCHIN (p. 311). Ainsi que je l'ai dit dans l'avertissement du t. II de cette publication, je n'ai pas eu connaissance de cette publication, si pleine de renseignements curieux, lorsque j'ai écrit la notice sur le catalogue de la vente Crozat, qui figure au t. Ier.

(3) *François Tronchin et ses amis*, op. cit., p. 305. Lettre de Galitzin à Fr. Tronchin, du 12 oct. 1773, contenant une liste de 18 tableaux acquis par Diderot.

(4) Voir plus loin aux nos 2, 24 et 17, les rapprochements faits entre les peintures de la vente Vanloo et celles de l'Ermitage.

Il y a plus : la lettre de Galitzin à François Tronchin, en date du 12 octobre 1773, contient une liste de dix-huit tableaux acquis par Diderot, en diverses occasions, pour le compte de Catherine II ; trois de ces tableaux sont indiqués comme ayant été achetés à la vente L.-M. Vanloo, où tous trois ont été adjugés à Ménageot; la provenance des autres n'est pas mentionnée (1). Or, Ménageot fait plus de trois acquisitions à la vente Vanloo : son nom est inscrit encore à côté d'un Jacques Bassan (n° 4), d'un C. Maratta (n° 14), d'un Ph. Wouwerman (n° 34), et des deux fameux Van der Meulen, dont il a été question précédemment (n° 52). Ne se pourrait-il pas que, parmi ces peintures, il y en eût quelques-unes faites pour le compte de l'impératrice par l'entremise de Diderot et qui fussent portées, sans indication d'origine, sur la liste de Galitzin? Le Bassan et le Wouvermans ne paraissent pas être dans ce cas ; par contre, le C. Maratta peut-être identifié en toute vraisemblance avec une *Vierge lisant*, de l'Ermitage, — de l'Ermitage où l'on rencontre aussi les deux Van der Meulen, convoités par Diderot, dès 1769. Aux n°s 728 et 729 du catalogue de 1901, ils portent l'un le titre de : *Épisode des guerres civiles en Écosse (1650-1651), combat de cavalerie*, et l'autre celui de : *Épisode des guerres de Louis XIV en Flandre ;* on les dit tous les deux signés et datés 1657, et on indique leur provenance et le prix qu'ils furent payés à la vente L.-M. Vanloo, soit 10.000 livres. Pour avoir attendu trois ans, l'impératrice faisait une notable économie, car il s'en fallait de 14.000 livres que ces deux tableaux justifiassent l'estimation de leur ancien possesseur. Encore cette enchère est-elle la plus haute de la vente.

Aussi bien, quand on examine le détail des enchères qui concourent à former les 58.732 livres du produit total de la collection on est tout de suite frappé par le très grand nombre des prix de médiocre importance. Somme toute, il n'y eut que trois numéros chèrement disputés : les deux Van der Meulen (n° 52), que Ménageot paya ensemble 10.000 livres ; le plus grand des Teniers, *Fête flamande* (n° 30) vendu 6.000 livres ; et enfin *Enée sauvant*

(1) Ou du moins M. H. Tronchin ne la mentionne pas dans son ouvrage. — Consulté par moi à ce sujet, M. H. Tronchin m'a promis de faire les recherches nécessaires dans les archives de sa famille. Malheureusement, il est parti pour un long voyage, au moment où je rédige cette étude, et je crains que ses renseignements ne me parviennent trop tard, alors que ce travail sera sous presse.

son père Anchise de Carle Vanloo (n° 67), adjugé 4.320 livres. A propos de cette peinture célèbre, il est possible de reconstituer le graphique de ses adjudications successives et de montrer les plus-value dont elle fut l'objet au cours du XVIIIe siècle : elle appartint d'abord à Lalive de Jully, à la vente duquel elle fut adjugée 2.000 livres à Louis-Michel Vanloo (1770) ; deux ans plus tard, elle montait à 4.320 livres à la vente L.-M. Vanloo pour atteindre 7.225 livres à la vente Conti (1777), où elle fut acquise pour le compte du roi.

Dans le reste, rares sont les peintures qui dépassent, et même qui atteignent 2.000 livres : on ne trouve guère que le *Palais au bord de la mer* de Claude Lorrain (n° 17), avec l'enchère de 2.500 livres, et le *Paysage animé* de Ph. Wouverman (n° 34), avec celle de 2.000. Parmi les meilleurs prix obtenus par les autres numéros, on peut citer : le *Port de mer d'Italie* de J. Vernet (n° 81, 1.700 livres), *le Triomphe de Galathée* de François Vanloo (n° 75, 1.680 livres), *Diane et ses Nymphes* de Jean-Baptiste Vanloo (n° 54, 1.650 livres), *le Départ de Jacob* de Sébastien Bourdon (n° 50, 1.500 livres), *le Buste d'homme* de Rembrandt (n° 29, 1.300 livres), etc. Les Italiens ne dépassent pas l'enchère de 1.200 livres obtenue par le Paul Véronèse et le Carlo Maratta. Le mieux vendu des Vélazquez n'atteint pas 600 livres, prix du *Portrait de vieillard* de Rubens (n° 24). Enfin, les diverses œuvres de Louis-Michel Vanloo sont parmi les numéros les moins recherchés ; *l'Étude* fait tout juste 200 livres, encore est-ce le plus beau prix de cette catégorie.

Il se pourrait que, pour cette part de la collection, les vendeurs aient éprouvé quelques déceptions ; en effet, une note de Gabriel de Saint-Aubin nous a conservé le prix d'estimation de *la Présentation de Notre-Seigneur au Temple*, de Carle Vanloo (n° 74), en même temps que son prix de vente : « on en veut 600 l. », écrit-il ; et plus loin, il ajoute l'enchère : « 280 l.» ; on peut juger de la différence (1).

Tel est, en résumé, ce que nous apprend de curieux la vente d'un de ces « cabinets » d'artiste comme on en rencontre un

(1) Je n'ai pas trouvé cette peinture de C. Vanloo mentionnée sur l'inventaire après décès. Il s'agit d'ailleurs ici de l'estimation à la vente ; on ne peut songer à comparer les prix atteints à la vente avec les prix de l'estimation donnés par l'inventaire après décès, — ceux-ci étant toujours, selon l'usage, réduits considérablement.

grand nombre au cours du XVIIIe siècle. Certes, la collection de Louis-Michel Vanloo ne peut compter ni parmi les plus abondants de ces « cabinets », ni parmi ceux qui donnèrent lieu aux enchères les plus considérables ; tel qu'elle est, on la trouvera harmonieuse et proportionnée, et l'on estimera qu'elle complète à merveille ce que nous savons du peintre, de sa bonhomie, de sa probité, de son existence simple, laborieuse et désintéressée. Dans cette réunion de tableaux, non pas achetés à force d'argent, au caprice de la mode et au hasard des ventes, mais réellement « collectionnés » en France, en Angleterre, en Italie et en Espagne, se révèle aussi le culte des meilleurs maîtres à quelque école qu'ils appartiennent, de Vélazquez à Rembrandt, de Véronèse à Chardin.

Et par un jeu d'imagination charmant, tous ceux auxquels le XVIIIe siècle est familier se laisseront aller au plaisir de replacer le vieux peintre dans le décor de son logement du Louvre embelli de ses tableaux aimés...

III

Avant de passer à l'analyse des dessins et des notes ajoutés par Saint-Aubin aux marges de son catalogue, résumons rapidement les indications bibliographiques concernant ce livret.

Ainsi qu'on l'a dit plus haut, il se présente sous la forme d'un in-8° de 44 pages, appartenant au Cabinet des Estampes de la Bibliothèque Nationale.

Sur les deux feuilles de garde qui précèdent le titre, on a collé deux fragments de couvertures de catalogues, illustrées de croquis par Saint-Aubin.

Le titre (p. 1) et les pages 9 à 22 et 24 à 44 inclus sont illustrées de dessins au crayon représentant à peu près tous les tableaux vendus ; on trouvera même un certain nombre de croquis d'après des œuvres qui ne sont pas détaillées au catalogue (p. 44). Les pages 2 à 8, comprenant l'*Avertissement*, et la page 23, n'ont pas d'illustrations ; à l'exception de ces huit pages, le livret est reproduit ci-après *in-extenso*, y compris les deux feuilles de gardes qui précèdent le titre : au total, 38 planches.

* * *

Sur une couverture en papier bleuté, on lit cette note manuscrite : « Catalogue ornée des esquises des tableaux par St Aubin lainé, peintre, frerre de S. Aubin graveur du Roy ».

Sur une première feuille de garde, un fragment de couverture, découpée et collée, au verso de laquelle il y a trois dessins. En haut : le même tableau dessiné deux fois, à g. en petit, et à dr. en plus grand. On y voit un personnage couché dans un lit, près duquel sont assises deux figures et au-dessus duquel volent des figures ailées dont l'une tient une trompette. On lit, à g., près d'un commencement de dessin : « Pour M. le Baron de S. Julien ».

Au-dessous, un dessin assez poussé, qui paraît représenter un intérieur : une femme visitant une famille tend les bras à un enfant debout qu'un homme assis tient près de lui. Saint-Aubin a écrit à droite, près de cet homme : « culotte noire »; au bas de la composition : « corbeille » (pour préciser un accessoire), et quelques autres notes çà et là (1).

Sur une seconde feuille de garde, un autre fragment de couverture découpé et collé porte des croquis au crayon représentant des peintures disposées sur trois panneaux, un long et deux carrés. Saint-Aubin a écrit quelques noms de peintres, mais les caractères sont si microscopiques et aujourd'hui si effacés, qu'il est à peu près impossible de lire ces notes.

En tout cas, il est impossible de savoir si, comme on serait tenté de le croire au premier abord, nous avons là une vue sommaire des salles des Grands-Augustins où était exposée la collection avant la vente (2).

Page 1. — Titre : CATALOGUE DES TABLEAUX, etc., par Fr. Basan ; note de St-Aubin : « Aidé de Mrs Dandré-Bardon, Dalembert et moi » (3).

A droite du titre, dessin au crayon avec cette note, en haut de la page : « *Hébé*, d'après M. Beruer, en piere de Tonerre. 100 [l.]. M. Monot, au garde meuble » (4).

(1) Je n'ai pu identifier ces peintures qui ne font point partie de la vente L.-M. Vanloo. Il est à croire que le fragment collé ici appartient à un autre livret.

(2) Il peut très bien se faire que ce fragment appartienne aussi à un autre catalogue.

(3) Sur le titre d'un exemplaire du catalogue L.-M. Vanloo, provenant de la bibliothèque de Clément de Ris et appartenant aujourd'hui à la Bibliothèque d'art et d'archéologie, on lit cette note manuscrite : « La description attribuée à d'Alembert; il était ami de la famille ». — Dandré-Bardon, peintre et critique d'art, était originaire d'Aix en Provence, berceau de la famille Vanloo; il était lié avec plusieurs membres de cette famille et il avait publié en 1765 une *Vie de Carle Vanloo*. — Je ne suis pas sûr de la lecture des deux derniers mots et ne la donne que sous réserves : il n'y aurait pourtant rien de surprenant à ce que G. de Saint-Aubin, habitué des Salons et des salles de ventes, connaisseur averti et documenté, ait été appelé à collaborer à la rédaction d'un catalogue de collection particulière.

(4) Le modèle en terre cuite de l'*Hébé tenant la coupe et le vase pour verser à Jupiter*, par Berruer, avait été exposé au Salon de 1767 (n° 210); Diderot en parla fort sévèrement à cette occasion (éd. TOURNEUX, t. XI, p. 359). Le marbre (h. 26 pouces) fut exécuté pour le duc de Choiseul et passa à la vente Calonne, en 1788 (St. LAMI, *Dict. des Sculpteurs de l'éc. franç., XVIIIe s.*, t. I. p. 59). — A voir la façon dont est rédigée la note de Saint-Aubin, il semble que cette réplique de l'œuvre de Berruer faisait partie de la collection Vanloo; en tout cas, elle n'est pas mentionnée au catalogue. — La lecture du nom propre — Monot — est douteuse : on peut lire aussi Monet.

Pages 3-8. — Avertissement (non illustré).

Page 9. — A droite : le *Portrait d'un sculpteur*, par Titien (n° 1). — 27 l. [Catalogue de la Bibliothèque d'art et d'archéologie : M. Molet] (1).

Page 10. — Marge de gauche, de haut en bas : *Moyse enfant retiré du Nil*, par P. Véronèse (n° 2). — 1.200 l. Ménageot (2).

Au-dessous de 1.200, on lit : 123 ; et entre les lignes, au-dessus : 25.

Notre-Seigneur à table avec ses disciples, par le Tintoret (n° 3). — 123 l. M. Gomboust. — Au-dessous du titre : 200, et au-dessous des dimensions : 1548.

Notre-Seigneur au jardin des Oliviers, par Jacques Bassan (n° 4). — 200 l. Ménageot.

Page 11. — Marge de droite, de haut en bas : *Paysage*, de D. Feti (n° 4*). — A la suite de la description, ces chiffres : 1.548 et le nom de Le Brun. 500 [Cat. Bibl. d'art. : 500 l. Le Brun]. 40 162

2.290 [sic]

Vieillard en buste, de D. Feti (n° 5). — 140 l.

Saint Charles Borromée, de A. Sacchi (n° 6). — 168 l. Jombert.

Page 12. — A gauche, en haut : *Vue d'Italie*, par Michel-Ange des Batailles [M. A. Cerquozzi] (n° 7). — 116 l. Basan.

Marge de gauche : *Buste de vieillard*, par Vélazquez (n° 8). — 580 l. [Cat. Bibl. d'art : Boissette] (3).

(1) Je complèterai à diverses reprises les indications de Saint-Aubin par les notes manuscrites qui figurent sur deux exemplaires de la vente L.-M. Vanloo appartenant à la Bibliothèque d'art et d'archéologie.

(2) Cette peinture, acquise par Ménageot pour le compte de Diderot, agent de Catherine II, est aujourd'hui au Musée de l'Ermitage (Catalogue Somof, t. Ier, n° 138). Dimensions respectives : Vente Vanloo : L. 0.567 ; H. 0,432 ; Catalogue de l'Ermitage : L. 0,581 ; H. 0,44. — Voir plus haut, l'introduction, p. 21).

(3) Cette tête de vieillard semble être une étude, sans le chapeau, pour la tête du *Ménippe* du Prado : voir la reproduction de cette peinture p. ex. dans le *Velazquez* des *Klassiker der Kunst* (pl. 90). — La mention de l'acheteur qui figure sur l'exemplaire du catalogue de la Bibliothèque d'art et d'archéologie désigne Randon de Boisset. On trouve en effet ce *Buste de vieillard* au catalogue de la vente de ce collectionneur (1777, n° 33), avec l'indication de sa provenance ; les mesures diffèrent un peu : 2 pieds 2 pouces 6 lignes en longueur sur 22 pouces en largeur. Il fut alors adjugé 850 livres à Poullin ou Poulain; notable plus-value, comme on voit.

Page 13. — Marge de droite : *Portrait en pied d'un Infant d'Espagne, fils de Philippe IV*, par le même (n° 9). — 120 l. [Cat. Bibl. d'art : Le Brun] (1).

Au-dessous : *le Repos en Égypte*, par P. F. Mola (n° 10). — 800 l. [Cat. Bibl. d'art : Basan].

En bas : *Bacchus consolant Ariane*, par A. Véronèse (n° 11). — 780 l. Basan. [Cat. Bibl. d'art : 780 l.]. « Je crois qu'il vient de M. de Jullienne », a noté St-Aubin (2).

En haut, à gauche, l'artiste a esquissé le profil perdu et le haut du buste d'une des spectatrices de la vente.

Page 14. — Marge de gauche : *Saint Sébastien*, du Guide (n° 12). — « 850 l. Sa copie. 54 [l.] », et un nom d'acquéreur non lu (3).

Au-dessous : un *Ex-voto*, de L. Jordano (n° 13). — 1.100 l. Le Brun. [Catal. Bibl. d'art : Conti, n° 148 ; et sur un autre catal. de la même bibl. : Conti, 2.501 l.] (4).

Page 15. — A droite : une *Vierge lisant*, de C. Maratta (n° 14). — 1.200 l. Ménageot (5).

Au-dessous : *Sainte Catherine*, de C. Cignani. — 420 l. [Cat. Bibl. d'art : Basan].

En bas, à gauche : esquisse d'un petit personnage coiffé d'un tricorne.

Page 16. — Marge de gauche : *Sujet allégorique*, de F. Solimene (n° 16). — 125 l.

(1) D'après le croquis, c'est le *Portrait du prince Balthasar Carlos* (voir la reproduction dans le *Velazquez* des *Klassiker der Kunst*, pl. 61). Il faut remarquer que les dimensions de la peinture de la collection Vanloo (H. 1,56 ; L. 1,13) sont notablement supérieures à celles du portrait du prince Balthasar Carlos, aujourd'hui conservé au Musée Impérial de Vienne (H. 1,28 ; L. 1,00).

(2) En effet, on trouve au catalogue de la vente Jullienne (1767, n° 54) une peinture de A. Turchi (A. Véronèse), dont la description concorde exactement avec le croquis de Saint-Aubin ; les dimensions sont les mêmes à deux ou trois centimètres près.

(3) Le dessin de Saint-Aubin ne correspond à aucune gravure d'après les divers *Saint Sébastien* du Guide.

(4) Lors de son passage à la vente Conti (1777), cette peinture portera le n° 148 du catalogue, avec indication de sa provenance, et sera en effet adjugée 2.501 l.

(5) Cette *Vierge* correspond exactement à une peinture de C. Maratta, aujourd'hui au Musée de l'Ermitage (Catalogue Somof, t. 1er, n° 301). Dimensions respectives : Vente Vanloo : H. 0,75 ; L. 0,59 ; Catal. Ermitage : L. 0,75 ; L. 0,60. — Voir plus haut, l'introduction, p. 22.

Au-dessous : *Palais au bord de la mer*, par Cl. Lorrain (n° 17). — 2.500 l. Ménageot (1).

Marge inférieure : deux *Paysages* par Herman van Swanewelt, ou Hermann d'Italie (nos 18-19). — 1180 l. [Cat. Bibl. d'art : Boileau].

Page 17. — Marge inférieure : *Paysage*, du Guaspre (n° 20). — 1200 l. Le Brun.

Page 18. — Marge inférieure : autre *Paysage*, du même (n° 21). — 470 l. [Cat. Bibl. d'art : 420 l. (2 fois)].

Page 19. — Marge de droite : *Paysage*, de Francisque Millet (n° 22). — 132 l. Basan.

Marge inférieure : *Combat de cavaliers*, par J. Courtois, dit le Bourguignon (n° 23). — 380 l.

Page 20. — Marge de gauche : *Tête de vieillard*, de P. P. Rubens (n° 24). — 600 l. Ménageot (2).

Au-dessous : *Portrait de femme*, de A. Van Dyck (n° 25). — 240 l. Basan [ou Le Brun, d'après Cat. Bibl. d'art.] (3).

Page 21. — Marge de droite : *Portrait d'une anglaise*, en pied, dans un jardin, etc., par Van Dyck (n° 26). — 250 l. Le Brun (4).

(1) Ce paysage de Claude est une des peintures mentionnées dans une lettre de Galitzin à F. Tronchin comme acquises par Diderot pour le compte de Catherine II. Voir plus haut l'introduction, p. 21. — Je ne la reconnais pas dans le Catalogue de l'Ermitage, où la seule peinture de Claude qui s'en rapproche pour les dimensions — *une Ile de l'archipel*, n° 1435 du Catal. Somof (1903, t. III) — ne paraît pas concorder pour la description.

(2) Cette *Tête de vieillard* peut être identifiée avec une peinture de Rubens du musée de l'Ermitage (Catalogue Somof, t. II, n° 586, et reprod. dans le *Rubens* des *Klassiker der Kunst*, pl. 330), dont les dimensions sont sensiblement analogues : Vente Vanloo : H. 0,594 ; L. 0,486 ; Ermitage : H. 0,520 ; L. 0,410. Il est à remarquer que cette peinture est une des trois qui sont indiquées par Galitzin dans sa lettre à François Tronchin, du 12 octobre 1773, comme achetées par Ménageot, pour Diderot, agissant au nom de Catherine II. Voir plus haut, l'introduction, p. 21.

(3) L'ensemble de la composition, d'après le croquis de Saint-Aubin, rappelle le *Portrait de la reine Henriette-Marie d'Angleterre*, peint en 1639 et aujourd'hui à Windsor (reprod. dans le *Van Dyck* des *Klassiker der Kunst*, pl. 354). On remarquera que, si Saint-Aubin n'a pas représenté le rideau et le ciel, derrière le buste, ces deux caractéristiques de la peinture de Windsor sont par contre, indiquées dans la description du catalogue Vanloo. Dimensions : Vente Vanloo : H. 0,864 ; L. 0,702 ; Windsor : H. 0,790 ; L. 0,640.

(4) Le dessin de Saint-Aubin permettrait d'identifier le n° 26 avec le *Portrait de Lucy, Comtesse de Carlisle*, peint vers 1639 et aujourd'hui à Windsor (reprod. dans le *Van Dyck* des *Klassiker der Kunst*, pl. 358), si les dimensions portées au catalogue et la description du tableau n'indiquaient une peinture de petite taille, alors que le portrait de Windsor est de grandeur naturelle : Vente Vanloo : H. 0,324 ; L. 0,189 ; Windsor : H. 2,10 ; L. 1,20. Il s'agit donc ici d'une première pensée ou d'une réplique de format réduit.

En regard: profil de femme, esquissé sans doute d'après une spectatrice de la vente.

Page 22. — Marge de gauche : *Notre-Seigneur*, en buste, par Rembrandt (n° 27). — 213 l. (1).

Au-dessous : *Portrait de femme* en demi-figure, par le même (n° 28). — 860.640. [Cat. Bibl. d'art, 860 ; et cette note : « fait en 1654 »] (2).

Au-dessous : *Buste d'homme*, coiffé d'un chapeau rabattu, etc., par le même (n° 29). — 1.300 l. Randon. [Cat. Bibl. d'art : Coche, médecin] (3).

Marge inférieure : *Fête flamande*, par D. Teniers (n° 30). — 6.000 l. Basan.

Page 23. — Pas d'illustration.

Page 24. — Marge de gauche : une *Tabagie*, par D. Teniers (n° 31). — 900 l. Chariot. [Cat. Bibl. d'art : l'huissier (4)].

Au-dessous : un *Vendeur de moules*, par D. Teniers (n° 32). — 802. Fla.. ral, au marché neuf. [Cat. Bibl. d'art : 800 l. Flamand, marchand].

Au-dessous : composition non cataloguée ; cascade au milieu de rochers, avec un temple circulaire en haut, à gauche. — 360 l. Basan.

Page 25. — A droite : *Portrait d'un vieillard*, par D. Teniers (n° 33). — 76 l.

Marge inférieure : *Paysage animé*, par Ph. Wouverman (n° 34). — 2.000 l. Ménageot.

Page 26. — Marge de gauche : *la Parabole de l'Enfant prodigue*, par P. Van Laer, dit le Bamboche (n° 35). — 200 l.

(1) Cette peinture correspond à un *Christ* de Rembrandt, catalogué dans le *Rembrandt* des *Klassiker der Kunst* (pl. 390) comme faisant partie de la collection John G. Johnson à Philadelphie. La peinture de la collection Johnson est cintrée à sa partie supérieure, comme celle de la collection Vanloo dessinée par Saint-Aubin. Voici les dimensions respectives de ces deux tableaux : Vente Vanloo : H. 0,378 ; L. 0,304 ; collection Johnson : H. 0,335 ; L. 0,290.

(2) Le croquis rappelle l'*Hendrickje Stoffels* de la collection Huldschinsky à Berlin (*Klassiker der Kunst*, pl. 328), mais il est trop imprécis pour qu'on puisse rien affirmer touchant l'identification du tableau. Les dimensions sont d'ailleurs très différentes.

(3) Le croquis de Saint-Aubin rappelle, à n'en pas douter, le *Philosophe juif* dont il existe plusieurs exemplaires ; on les trouvera reproduits soit dans les *Klassiker der Kunst* (pl. 365), soit dans le *Rembrandt* de Bode (t. VIII, pl. 582) ; soit dans le catalogue de la vente Maurice Kann, (9 juin 1911, n° 48). Par malheur, les dimensions ne concordent pas : Vente Vanloo : H. 0,864 ; L. 0,702 ; Coll. Sedelmeyer, puis Coll. M. Kann (cité dans Bode) et aujourd'hui en Amérique : H. 0,615 ; L. 0,48 ; — Vente M. Kann : H. 0,69 ; L. 0,60.

(4) L'huissier, c'est-à-dire l'huissier-priseur de la vente, Chariot.

Au-dessous : une *Tabagie flamande*, par A. Brouwer (n° 36). — 42 l.

Au-dessous : *le Chirurgien de village*, par J. Steen (n° 37). — 335 l. Basan.

Page 27. — Marge de droite : l'un au-dessous de l'autre, les deux *Paysages*, de Bartholomé Breemberg, décrits sous le n° 38. — 277 l. Aubert. [Cat. Bib. d'art : 275 l.].

Au-dessous : *Intérieur d'église gothique*, de H. Steenwyck (n° 39). — 1.200 l. Basan.

Au-dessous : commencement d'une esquisse représentant le même paysage non catalogué, déjà dessiné p. 24.

Page 28. — Marge de gauche : *Intérieur d'église*, de H. Steenwyck (n° 40). — 240 l. Chevalier.

Au-dessous : *Intérieur d'église*, de P. Neefs (n° 41). — « Au rabais (1). 150 l. Dalmon. »

Au-dessous : *Nature morte*, de Jean Griffier (n° 42). — 79 l. Basan.

Marge inférieure : *Paysage* ovale, de P. Patel (n° 43). — 1000 l. Basan. [Cat. Bibl. d'art : 1001 l.].

Page 29. — Marge de gauche : les deux *Paysages* en hauteur, du même P. Patel, décrits sous le n° 44. — 600 l. St Yves.

Au-dessous : *Portrait en buste de Baptiste Monnoyer*, par Kneller (n° 45). — 116 l. Remy.

Dans l'angle inférieur gauche : esquisse d'un petit personnage à tricorne vu de dos, en buste.

Page 30. — Quatre peintures de Sébastien Bourdon : marge de gauche : *Paysage animé* (n° 46) ; la scène, dit le livret, représente *le Samaritain de l'Evangile*. St-Aubin a corrigé : *la* Samaritai*ne*. — 1.401 l. Paillette.

Au-dessous : les deux *Paysages* décrits sous les nos 47-48 ; vendus : l'un, 240 l. à Beaufort : l'autre, 200 l.

Marge inférieure : *Laban cherchant ses idoles* (n° 49). — 481 l. [Cat. Bibl. d'art : 480 l.; Conti, n° 569 ; et sur un autre ex. de la même bibl. : 480 l. 19 ; Conti : 584 l. (2)].

Page 31. — Marge de gauche : en haut, esquisse légère ; peut-être, détail du tableau précédent.

(1) Lecture douteuse.

(2) Ces indications sont exactes : la peinture de S. Bourdon a bien repassé à la vente Conti (1777), sous le n° 569 et s'est bien vendue 584 l.

Au-dessous : *Départ de Jacob*, par S. Bourdon (n° 50). — 1.500 l. Folio.

Au-dessous : *Portrait d'homme en buste* (n° 51). — 200 l. Le Brun.

Page 32. — Au bas de la page, côte à côte : les deux peintures de Van der Meulen, longuement décrites sous le n° 52 ; l'une représentant une *Mêlée de troupes* ; l'autre une *Scène de bataille*. — 10.000 l. Ménageot (1).

Page 33. — Marge de droite : l'un au-dessus de l'autre, les deux portraits de Jacques Vanloo (n° 53), deux bustes de forme ovale ; en haut : le *Portrait de l'auteur*, vêtu en Arménien, coiffé d'un bonnet fourré ; l'autre, *le Portrait du père de l'auteur* peint dans la manière de Rembrandt. — Sans prix ni nom d'acquéreur. [Cat. Bibl. d'art : 50 l.].

Au bas de la page : *Diane se reposant au retour de la chasse*, par J.-B. Vanloo (n° 54). — 1.650 l. Basan.

Page 34. — Marge de gauche : *Saint Pierre délivré de la prison*, par J.-B. Vanloo (n° 55). — 440 l.

Au-dessous : *la Flagellation*, du même (n° 56). — Sans prix ni nom d'acquéreur. [Cat. Bibl. d'art : 90 l.] (2).

Au-dessous : *Tête de vieillard* regardant vers le ciel, du même (n° 57). — 170 l. [Cat. Bibl. d'art : 161 l.].

Page 35. — Marge de droite : *Portrait de Louis XV*, en buste, couvert d'une cuirasse, du même (n° 58). — 36 l. [Cat. Bibl. d'art : 36 l. 10] (3).

Au-dessous : « copie de la *Sainte Famille* de Raphaël, qui est à Versailles », du même (n° 59). — 204 l. (4).

(1) Aujourd'hui au Musée de l'Ermitage, à Saint-Pétersbourg. Dans le Catalogue Somof (1901, t. II), ils portent les n°s 728 et 729, avec l'indication de leur provenance et de leur prix d'achat, et sont décrits sous les titres suivants : *Épisode des guerres civiles en Écosse (1650-1651), combat de cavalerie ; Épisode des guerres de Louis XIV en Flandre.* — Ce sont les deux tableaux provenant de la collection de Carle Vanloo, dont il a été question plus haut (voir l'introduction, p. 14, 15 et 22). En 1769, Diderot avait voulu les acheter pour l'impératrice de Russie (voir lettre de Diderot à Falconet précédemment citée). Le prix de 10.000 l. représente la plus belle enchère de la vente.

(2) D'après le *Biographical, etc., dictionary of painters* de Bryan, le tableau terminé serait aujourd'hui à Rome, dans l'église Santa Maria della Scala. Or, on n'en trouve aucune mention dans Lafenestre et Richtenberger, *la Peinture en Europe ; Rome, le Vatican, les églises.*

(3) Gravé par Daullé.

(4) Gravé par Edelinck.

Au-dessous : copie d'un portrait d'évêque, d'après Van Dyck, par le même (n° 60). — 31 l.

Sous le même numéro, figure une autre copie de portrait d'après Van Dyck, également vendue 31 l. Saint-Aubin n'a pas dessiné ce portrait, mais il a noté qu'il s'agissait de celui du « Comte d'Arundel ». [Cat. Bibl. d'art : n° 60, 62 l.].

Page 36. — Marge de gauche : la *Madeleine pénitente*, de L.-M. Vanloo (n° 61) (1). — 120 l. Verier.

Au-dessous : *l'Étude*, du même (n° 62). — 200 l. Périer (2).

Au-dessous : *l'Amour en pied*, du même (n° 63). — 150 l. Basan (3).

A côté, étude de tête, en profil perdu, d'un petit personnage coiffé d'un tricorne.

Page 37. — Marge de droite : *l'Éducation de l'Amour*, du même L.-M. Vanloo (n° 64). — 240 l. Le Brun (4).

Au-dessous : *le Portrait d'un jeune Mylord en pied*, vêtu à l'espagnole, du même (n° 65). — 172 l. Plautus, vis-à-vis l'Oratoire (5). [Cat. Bibl. d'art : 175 l. Lenttis] (6).

Marge de gauche, en regard, et marge inférieure à gauche et à droite : trois grands portraits en pied, copiés d'après Van Dyck, par le même (n° 66). — Sans prix ni nom d'acquéreur. [Cat. Bibl. d'art : 41 l.].

Page 38. — Marge de gauche : commencement d'esquisse du groupe principal d'*Enée sauvant son père Anchise*, de Carle

(1) Au Salon de 1761, Carle Vanloo exposait une peinture de sujet analogue *la Madeleine dans le désert* pour Saint-Louis du Louvre. — Voir ci-après la reproduction du livret du Salon de 1761, au n° 4.

(2) Salon de 1769 (n° 6). Voir le tome Ier des *Catalogues de ventes et livrets de Salons illustrés par G. de St-Aubin*, p. 73 du texte. — Cette peinture, datée de 1767, a été tout récemment retrouvée en Russie par M. René Charrier ; l'identification, établie grâce au dessin et aux notes de Saint-Aubin sur le livret du Salon de 1769, a fait l'objet d'une communication de M. A. Vuaflart à la séance de la Société de l'histoire de l'art français du 10 février 1911.

(3) Gravé par Ignace-Sébastien Klauber sous le titre *l'Amour clair-voyant*. Carle Vanloo a traité un sujet analogue, gravé par R. Strange.

(4) Salon de 1769 (n° 5). Voir le tome Ier des *Catal. de ventes et livrets de Salons illustrés par G. de St-Aubin*, p. 73 du texte.

(5) Lecture douteuse.

(6) Ne serait-ce pas le *Portrait d'un petit jeune homme vêtu à la mode d'Angleterre* du Salon de 1767 ? Signalé dans DIDEROT, t. XI, p. 24.

Vanloo (n° 67). — Avec cette note : « Boileau, 4.320 l. La copie du neveu, 162 l. Salatin, vis-à-vis St. Martin » (1).

Au-dessous : une *Tête de vieillard* levant les yeux au ciel, du même (n° 68). — 110 l.

Au-dessous : le *Vœu de Louis XIII*, du même (n° 69). — 300 l. Donjeu (2).

Page 39. — Marge de droite : *Sainte Clotilde*, esquisse du même Carle Vanloo pour le tableau de la chapelle de Choisy-le-Roi (n° 70). — 722 l. Joullain [Cat. Bibl. d'art : Conti, n° 712, 501 l.] (3).

Au-dessous : *Vertumne et Pomone*, esquisse du même (n° 72). — 151 l. Verier, rue S. Apoline (4).

Saint-Aubin a noté pour le n° 71 — esquisse de *Médée et Jason* (scène dans laquelle Médée est représentée par Mlle Clairon, et Jason par Lekain) : « dessiné à la fin ». En effet, il y a un petit croquis de cette

(1) Gravé par M. Dupuis le jeune, aujourd'hui au Musée du Louvre. — Ce tableau avait appartenu d'abord à Lalive de Jully, introducteur des ambassadeurs ; il est décrit à la p. 88 du *Catalogue historique* du cabinet de cet amateur (1764, in-4°). Une note du Catal. de la vente Vanloo (exemplaire de la Bibl. d'art) porte qu'il avait été vendu 2.000 l. à la mort de Lalive de Jully (Vente 1770, n° 88 du Catalogue ; un exemplaire de ce catal. appartenant à la Bibliothèque d'art et d'archéologie, porte cette indication manuscrite : « n° 88. Vendu à la vente 2.000 l. ; il avait coûté 1.800 l. Pour Michel Vanloo »). Vendu 4.320 l. à la vente Vanloo, il repassera plus tard à la vente Conti (1777), sous le n° 710, avec l'indication de sa provenance et sera adjugé 7.225 francs pour le compte de Louis XVI. — « La copie du neveu » désigne sans doute une copie de ce tableau par L.-M. Vanloo, vendue en même temps que l'original de Carle. — Le nom de l'acheteur Salatin est une lecture douteuse.

(2) Cette esquisse du tableau exécuté pour les Petits-Augustins de la place des Victoires avait été exposée au Salon de 1746.

(3) Indications exactes : la *Sainte Clotilde*, esquisse de C. Vanloo repassera à la première vente Conti (1777, n° 712), avec indication de sa provenance : 501 l. ; et à la seconde vente Conti (1779, n° 86) : 360 l. ; on voit que la peinture subit alors une forte baisse, puisqu'elle avait atteint 772 livres à la vente Vanloo (1772). Elle passa ensuite à la vente de l'abbé de Juvigny et à celle de Boileau. — Cette esquisse du tableau exécuté pour la chapelle du Grand-Commun, à Choisy, avait figuré au Salon de 1753 sous le titre : *Sainte Clotilde, reine de France, faisant sa prière auprès du tombeau de Saint Martin ;* une répétition réduite du tableau exécuté pour Choisy, mesurant 0.77 de h. sur 0.43 de l., est aujourd'hui au musée d'Angers. Ne serait-ce pas l'esquisse de la vente L.-M. Vanloo (0.73 sur 0.36) ? — Voir sur ce tableau : *le Château de Choisy*, par Mlle B. CHAMCHINE (Paris, 1910, in-8°), pp. 213 et suivantes.

(4) Lecture douteuse pour le nom de la rue.

composition, page 44, marge de gauche. [Cat. Bibl. d'art : 144 l.] (1).

Enfin il a esquissé légèrement au bas de la page, à droite et à gauche, les deux académies décrites sous le n° 39, vendues 370 l. [Cat. Bibl. d'art: 270 l.; et sur un autre exemplaire de la même bibl. : 269 l. 19].

Page 40. — A gauche : *la Présentation de Notre-Seigneur,* de Carle Vanloo (n° 74); avec cette note : « On en veut 600 l. — 280 l. Vilercy ». [Cat. Bibl. d'art : Peters] (2).

Au bas de la page : *le Triomphe de Galathée,* de François Vanloo (n° 75). — 1680 l. sans nom d'acquéreur (3).

Page 41. — Marge de droite, du haut en bas : une *Femme endormie,* une autre *Femme endormie,* une *Académie* d'homme (n°s 76-78), par le même François Vanloo ; vendues respectivement : 180, 220 et 80 livres; la première, à Sorbet; les deux autres sans nom d'acquéreurs.

Page 42. — Les deux tableaux de fleurs de Baptiste Monnoyer (n° 79) ne sont pas dessinés [Cat. Bibl. d'art : 85 l.].

Marge de gauche : « un *Bas-relief,* peint et imité d'après un excellent original de François Quesnoy, dit le Flamand », par Chardin ; représentant des *Enfants qui jouent avec un bouc* et imitant le bronze (n° 80). — Pas

(1) La peinture définitive, exposée au Salon de 1759, fait aujourd'hui partie des collections de S. M. l'Empereur d'Allemagne, à Potsdam. Elle a été gravée par L. Cars et Beauvarlet.

(2) Dessin en vue du tableau exposé au Salon de 1746 (n° 29 du catalogue).

(3) Il n'est pas sans intérêt de faire remarquer que Jean-Baptiste Vanloo avait traité, à ses débuts, un sujet analogue, dans une peinture aujourd'hui conservée au musée de l'Ermitage, à Saint-Pétersbourg. La description que les catalogues de l'Ermitage donnent de ce tableau, et ses dimensions, qui se rapprochent de celles du *Triomphe de Galathée* de la vente L.-M. Vanloo m'avaient un moment laissé croire qu'il pouvait y avoir une confusion de prénoms et que la peinture de l'Ermitage (h. 0.895; l. 1.158) était la même que celle de la vente Vanloo (h. 0.972 ; l. 1.025). L'origine même du tableau, qui, d'après les catalogues de l'Ermitage, aurait été acquis en 1768, par l'entremise de Diderot, pour Catherine II, à la vente Gaignat, paraît assez singulière, étant donné que le catalogue de la collection Gaignat, vendue en 1768, ne contient que deux tableaux français, un Lancret et un Claude Lorrain. Mais Diderot écrivant à Falconet le 6 avril et le 26 mai 1769, lui déclare formellement avoir acheté à la vente Gaignat « cinq des plus beaux tableaux qu'il y ait en France : un Murillo, trois Gérard Dow et un J.-B. Vanloo » (DIDEROT, t. XVIII, p. 306 et 308).

de prix ni de nom d'acquéreur [Cat. Bibl. d'art : 200 l.] (1).

Au bas de la page : un *Port de mer d'Italie*, de Joseph Vernet (n° 81). — 1.700 l. Viltaneuse (2).

Page 43. — Marge de droite : une *Nature morte*, d'un anonyme (n° 82). [Cat. Bibl. d'art : 50 l. 105].

Sous le n° 83, sont groupés « divers tableaux de différentes grandeurs, qui seront divisés en plusieurs lots ».

(1) C'est le *bas-relief* dont il a été question plus haut (voir l'introduction, p. 17) ; exposé par Chardin, alors à ses débuts, sur la place Dauphine, il avait été acquis du jeune artiste par Jean-Baptiste Vanloo. Le catalogue ajoute qu'il avait fait partie de la collection de Pierre Crozat et de celle de L.-A. Crozat, baron de Thiers ; mais on ne le trouve pas mentionné dans le catalogue de cette dernière (Paris, 1755, in-8°).

On remarquera la présence dans le catalogue de la vente Conti (1777), sous le n° 730, d'une peinture de Chardin, ayant exactement les mêmes dimensions que celle de la vente Vanloo (soit 8 pouces sur 14) et intitulée : « Un jeu d'enfants, bas-relief imitant le bronze, d'après les [*sic*] Quesnoy, sur bois ». Adjugé alors 80 livres.

Dans son *Catalogue de l'œuvre de J.-B.-S. Chardin*, M. Jean Guiffrey décrit sous le n° 151, une peinture de Chardin représentant des *Enfants jouant avec une chèvre*, d'après un bas-relief en plâtre de Fr. Duquesnoy, dit Fr. Flamand. Cette peinture, aujourd'hui dans la collection de Mme Jahan, née Marcille, est généralement identifiée avec celle qui figura au Salon de la Jeunesse, en 1732, et qui fut acquise alors par J.-B. Vanloo. Mais, M. J. Guiffrey fait remarquer qu'il s'agit ici d'une peinture d'après un bas-relief *en plâtre*, tandis que le catalogue de la vente L.-M. Vanloo parle d'une peinture d'après un bas-relief *en bronze* ; il propose de voir dans le bas-relief de la collection Jahan-Marcille un des envois de Chardin au Salon de 1771.

(2) En échange de ce tableau que J. Vernet avait peint pour lui, L.-M. Vanloo exécuta, en 1768, le portrait du paysagiste, qui fut gravé par J. Cathelin en 1770. — Une aimable communication de M. Paul Leprieur me permet de donner quelques renseignements sur l'acheteur du tableau, ce « Villetaneuse » dont on voit souvent figurer le nom sur les catalogues annotés du XVIIIe siècle ; on l'a déjà rencontré au cours de la présente publication, parmi les acheteurs ayant suivi la vente Du Barry (voir tome II des *Catal. de ventes et livrets de Salons*, etc., p. 26, note 3 et p. 28). Son nom était alors écrit par Saint-Aubin : « Godefroi de Viltaneuse ». Il s'agit du fils aîné du banquier et joaillier Charles Godefroy, lequel portait le nom de Charles Godefroy, seigneur de Villetaneuse (petite localité des environs de Saint-Denis). C'est lui que Chardin a représenté adolescent dans *le Jeune homme au violon*, en même temps que son cadet, Gabriel Godefroy (*l'Enfant au toton*) ; ces deux tableaux acquis il y a peu d'années par le Musée du Louvre. L'aîné seul porta le titre de seigneur de Villetaneuse ; on connaît son portrait-médaillon gravé par Cathelin, d'après Cochin (1780). M. Paul Leprieur, à l'occasion de l'achat des deux célèbres portraits de Chardin dont on vient de parler, a publié un certain nombre de renseignements et documents sur les Godefroy dans la *Gazette des Beaux-Arts*, 1909, 4e pér., t. I, pp. 135-156. Voir aussi, le *Catal. de l'Œuvre de Chardin*, par J. Guiffrey, p. 66.

Deux de ces tableaux sont dessinés au bas de la page : d'abord une scène importante, où l'on voit des enfants courir vers un homme debout et drapé dans un manteau, qui s'avance au centre de la composition, avec cette note de St-Aubin : « Le Nain, 6 p. sur 4 », et dans la marge de droite, un portrait d'homme en pied, avec cette note de St-Aubin « Vellasquez ».

Page 44. — La page 44 porte sous les n°s 84 et 85 la désignation de deux portefeuilles, l'un de dessins « dont plusieurs belles académies de Carle Vanloo qui seront vendues en détail » ; et l'autre « de diverses estampes de Rubens, Poussin, Pierre Teste, qui sera aussi divisé ».

Cette page est remplie de croquis, se référant soit à ces deux numéros de la vente, soit à quelques peintures précédemment désignées, soit enfin à des objets non mentionnés au catalogue. Le tout accompagné de notes et de prix fort difficiles à déchiffrer et à identifier.

En haut de la page, de gauche à droite : un croquis sommaire, qui paraît représenter un homme fléchissant le genou devant un autre ; — puis deux figures à mi-corps dans des ovales : la première porte un nom illisible ; la seconde est intitulée « Clitie » ; deux chiffres d'enchères sont ajoutés, dans la marge de droite : 60 l. (pour celle-ci, probablement) et 83 l.

Dans la marge de gauche : l'esquisse de *Médée et Jason*, de Carle Vanloo, décrite page 39, n° 71, est dessinée ; — ensuite, au-dessous du texte, deux figures de femmes nues, dans des ovales ; on lit : 90, à côté de celle de gauche ; et « Diane » à côté de celle de droite (1).

Au-dessous de ces figures, entre les lignes de l'*Approbation* et du *Permis d'imprimer :* des boîtes, notamment une « boîte d'or », vendues 250, 120 et 131 l. ; noms d'acquéreurs illisibles.

Dans la marge de droite et de gauche, deux sujets historiques, se faisant réplique, sans indication (2).

(1) Cette *Diane* et la *Clitie*, qui précède, — peintures ovales, par L.-M. Vanloo, — sont mentionnées à l'inventaire après décès de l'artiste, en même temps qu'un *Endymion*, peinture ovale, et que deux pendants de même forme, *la Peinture* et *la Sculpture*.

(2) Probablement, deux dessins de Carle Vanloo en vue de ses décorations dans la chapelle de Saint-Grégoire, aux Invalides.

Au milieu, entre le permis d'imprimer et la marque de l'imprimeur : trois dessins. Au-dessus de celui de gauche, on lit : « copies du Guide, 30 l. Scalken, 500. » ; ensuite deux mots non lus et : « 200 l. Basan ». — Au-dessus du suivant : « Cléopâtre, 72 l. Baufort ». — Le troisième dessin, au-dessous du précédent, paraît représenter une *Lucrèce* (1).

Au bas de la page, dans la marge de gauche, petit bas-relief représentant un Amour qui porte une couronne, ou joue des cymbales : 36 l. — Au milieu : une Femme nue couchée, de profil, avec un homme de face, à droite : 100 l. — A droite, dans la marge, notes illisibles et effacées : « les 3 dessins de St Gré[goire], 200 ch[acun]. 72 l. à M. Lemper[eur] » (2).

(1) Cette *Lucrèce*, comme la *Cléopâtre* qui est au-dessus, est sans doute visée par la note de St-Aubin. Ces deux sujets, en effet, ont été traités par le Guide, mais aucun de ceux dont on connaît une gravure ne peut être identifié avec les peintures dessinées par Saint-Aubin.

(2) Dessins pour les peintures exécutées par Carle Vanloo, dans la chapelle de Saint-Grégoire, aux Invalides ; les esquisses ont figuré au Salon de 1765. — Cette note concerne probablement les deux croquis de Saint-Aubin qui figurent dans les marges de droite et de gauche (voir ci-dessus note 1).

A la fin d'un des deux exemplaires du Catalogue de la vente Vanloo qui font partie de la Bibliothèque d'art et d'archéologie, on lit : « Deux vases de bronze en bas-relief pesant 250 l. : 735 l. » — Et sur l'autre exemplaire de la même bibliothèque, on lit : « total : 58.732 l. 3 s. ».

auq. [illegible]

CATALOGUE
DES TABLEAUX
DU CABINET
DE FEU M. LOUIS-MICHEL VANLOO,

Écuyer, Chevalier de l'Ordre du Roy,

Premier Peintre du Roi d'Espagne, Directeur en France des Éleves protégés par le Roi, ancien Recteur en son Académie Royale de Peinture & Sculpture.

Par Fr. BASAN.

Dont la Vente se fera en la maniere accoutumée, au plus offrant & dernier Enchérisseur, à la fin de Novembre de la présente année 1772.

Le présent Catalogue se distribue,

A PARIS,

Chez { BASAN, rue & Hôtel Serpente. CHARIOT, Huissier-Commissaire-Priseur, Quay de la Mégisserie. }

M. DCC. LXXII.

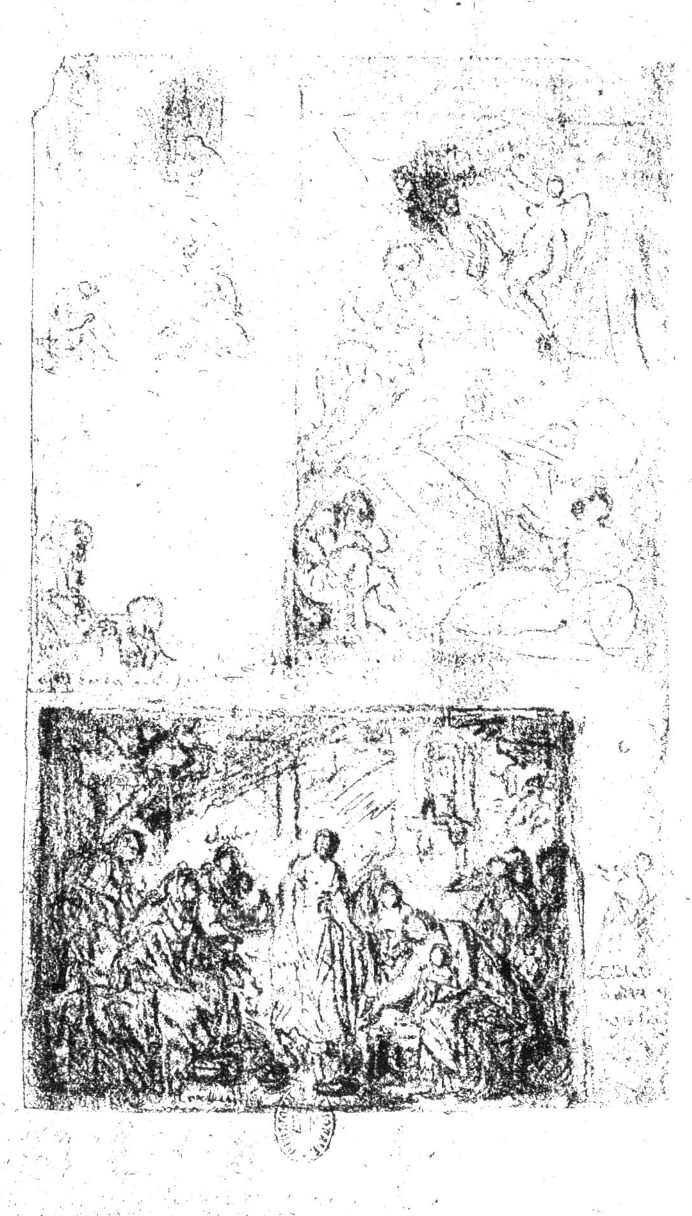

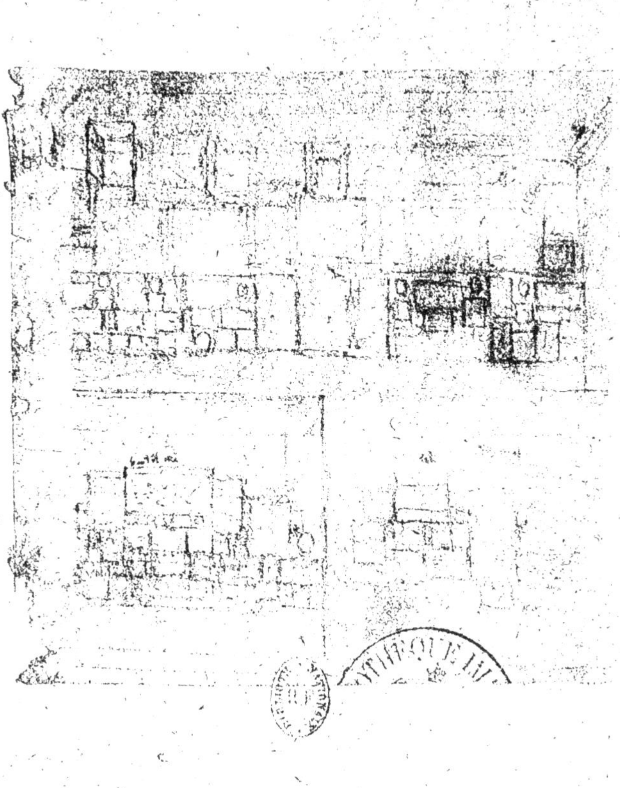

CATALOGUE
DES TABLEAUX
DU CABINET
DE FEU M. LOUIS-MICHEL VANLOO,

Ecuyer, Chevalier de l'Ordre du Roi, &c.

TITIEN.

Hauteur 8 pouces, sur 6 de large, mesure prise d'arazement à la Bordure, ainsi qu'à tous les Tableaux suivans.

N°. 1 LE Portrait d'un Sculpteur. Il tient de la main gauche un petit modele en plâtre, qu'il montre de la droite ; il est vêtu à l'italienne, a la tête couverte d'un bonnet noir & une petite fraise autour du col.

PAUL VERONESE.

Hauteur 21 pouces, sur 16 de large.

2 Moyse enfant, retiré du Nil où il avoit été exposé par ses parens, & présenté à la fille de

Pharaon; composition très-agréable, & dans laquelle il entre dix figures, dont la principale debout & richement vêtue, le bras gauche appuyé sur l'épaule d'une de ses suivantes, jette un regard de bonté sur l'enfant qu'on lui offre; trois grands arbres isolés, un beau ciel & la vue de la Ville de Memphis, font tout le fond de ce précieux tableau, qui est très-bien terminé. Le Carrache étant à Venise avoit raison d'écrire à son frere qu'il ne connoissoit aucun Peintre dont le genre fût aussi riche & aussi fécond.

JACQUES ROBUSTI, dit LE TINTORET.

Largeur 2 pieds 10 pouc. sur 16 pouc. de haut.

3 Notre Seigneur à table avec ses Disciples, & rompant le pain en leur présence. On compte seize figures dans cette composition; le ton de couleur en est harmonieux & d'un bel effet.

JACQUES LE BASSAN.

Hauteur 13 pouc. 6 lig. sur 10 po. 3 l. de large.

4 Notre Seigneur en priere au Jardin des Oliviers. Un Ange lui apparoît rayonnant de lumiere, & les Apôtres endormis occupent le devant du tableau, dont la touche est spirituelle & l'effet très-piquant.

DOMINIQUE FETI.

Hauteur 5 pieds, sur 4 de large.

4 * Un très-beau Paysage, dans la compo-

ſition duquel il paroît que le Peintre a voulu imiter la maniere du Baſſan; ſur le devant une femme vue par le dos eſt accompagnée de deux enfans & d'un chien; une autre femme à genoux, la tête de profil, occupe un côté du tableau, & derriere elle ſont deux bœufs, des moutons & un payſan. Ce tableau par rapport à la liberté de la touche & à la vigueur de la couleur, ne le cède à aucun de ceux de cet excellent Peintre.

IDEM.

Hauteur 2 pieds, ſur 18 pouces de large.

5 Le Buſte d'un Vieillard à barbe blanche, vû preſque des trois quarts; il a les yeux fixés ſur un livre qu'il tient d'une main, & dont on n'apperçoit qu'une partie; ſa tête nue, un peu plus forte que nature, eſt pleine d'eſprit & d'un beau caractère; une écharpe nouée au milieu par devant, lui couvre les épaules.

ANDRÉ SACCHI.

Hauteur 19 pouces, ſur 15 de large.

6 Saint Charles Borromée porté ſur des nuées & apparoiſſant à un homme qui implore ſon aſſiſtance; celui ci un genou en terre, eſt vû par le dos & eſt à moitié couvert d'une draperie blanche jettée avec art & ſupérieurement bien touchée; l'habile Artiſte, auteur de ce tableau, fut diſciple de l'Albane & maître de C. Maratte.

MICHEL-ANGE DES BATAILLES.

Largeur 2 pieds, sur 1 pied 7 pouces de haut.

7 Un tableau très-vigoureux & qui tient de la maniere de Jean Miel : il représente une Vue d'Italie ; sur le devant d'un côté on voit plusieurs maisons, auprès est un groupe de cinq figures, du nombre desquelles est une femme assise, qui tient un enfant la tête appuyée sur ses genoux, un homme debout lui parle ; de l'autre côté sont les vestiges d'un vieux palais dont il reste encore plusieurs colonnes debout ; auprès est une grande auge pleine d'eau, où s'abreuvent deux bœufs attelés à un chariot que conduit un homme ; dans le fond & entre les quatre objets ci-dessus désignés, on découvre une pyramide.

DON DIEGO VELASQUEZ.

Hauteur 26 pouces, sur 22 de large.

8 Le Buste d'un Vieillard vêtu d'une draperie brune, la tête nue & vue de face, couverte de grands cheveux qui sont blancs ainsi que la barbe ; le ton de la chair en est très-vigoureux, & ce tableau est en général d'un grand effet. 580

IDEM.

Hauteur 4 pieds 10 p. sur 3 pieds 6 p. de large.

9 Le portrait en pied de l'Infant d'Espagne, fils de Philippe IV. vêtu à l'espagnol en habit, pourpoint & culotte noir, brodés en

argent, à l'exception des manches qui ſont d'une étoffe d'argent ; la tête eſt nue, les cheveux plats, & derriere la figure eſt un grand coffre de velours rouge, avec des agraffes d'or aux coins.

PIERRE-FRANÇOIS MOLA.

Larg. 4 pieds 6 pouc ſur 3 pieds 6 pouc. de haut.

10 Un Repos en Egypte ; charmante compoſition, où l'on trouve réunis la pureté du deſſin & le brillant de la couleur ; la Vierge aſſiſe a ſur ſes genoux l'Enfant Jeſus qu'elle allaite ; près d'elle eſt Saint Joſeph pareillement aſſis, la tête appuyée ſur ſa main droite ; de l'autre côté ſont deux Anges à genoux, les mains jointes, qui adorent l'Enfant, & au milieu du tableau eſt un groupe d'arbres qui ſert de fond aux figures.

ALEXANDRE VERONESE.

Largeur 4 pieds 6 pouc. ſur 3 pieds 6 pouc. de haut.

11 Un tableau dont l'ordonnance eſt belle, le ſujet très-agréable, & l'exécution digne de ſon auteur : il eſt compoſé de ſept figures ; on y voit le Dieu Bacchus qui conſole Ariadne déſolée de ſe voir abandonnée par Théſée ; ce groupe intereſſant occupe le milieu du tableau ; les acceſſoires conſiſtent en une figure de femme à moitié nue, qui s'empreſſe de poſer une couronne d'or ſur la tête d'Ariadne, tandis que l'Amour ſe pré-

pare à lui percer le cœur d'une de ses fléches ; & que Sylene arrive, yvre & soutenu par deux Faunes.

LE GUIDE.

Hauteur 3 pieds 6 pouc. sur 2 pieds 9 po. de large.

12 Saint Sébastien, le corps percé de fléches, les mains liées derriere le dos ; la figure vue jusqu'aux cuisses ; est supérieurement bien peinte ; le dessin en est très-correct & la tête est d'une expression sublime. Ce tableau peut être regardé avec raison comme un des plus grands modeles que l'art puisse offrir aux yeux des connoisseurs.

LUC JORDANO.

Hauteur 4 pieds, sur 3 de large.

13 Un *Ex voto :* Deux Saints y présentent à la Sainte Vierge qui est dans une gloire environnée d'Anges, & debout sur un globe ; un enfant dont la draperie est d'une étoffe blanche, & revêtu d'une espéce de tunique bleue, est à genoux sur un carreau ; cette figure, ainsi que les deux Saints, sont de grandeur de demie nature, & le tableau est d'une belle conservation & vigoureux de couleur.

CARLE MARATTE.

Hauteur 2 pieds 4 pouc. sur 1 pied 10 pouc. de large.

14 La Sainte Vierge en demie figure & de

grandeur naturelle; elle tient un livre ouvert sur lequel elle pose une de ses mains, & elle le contemple avec autant de noblesse que de sagesse, sa tête est couverte d'un voile leger; la moitié du fond du tableau est occupée par un rideau de couleur brune, & l'autre partie par un paysage & un ciel d'où l'on voit descendre un Ange qui tient un lys, symbole de la virginité. Tout le monde convient qu'il est peu de Peintres qui ayent mis autant de graces que celui-ci, dans cette espéce de sujets; aussi en a t'il produit un très-grand nombre, & tous variés à l'infini.

CHARLES CIGNANI.

Hauteur 3 pieds, sur 2 pieds 6 pouces de large.

15 Sainte Catherine représentée jusqu'aux genoux, tenant une palme & les mains jointes sur sa poitrine; elle a sur la tête une couronne; sa robe est de couleur verte, son manteau rougeâtre, & l'on ne peut désirer rien de plus noble que le caractère du visage, ni rien de plus gracieux & de plus correct.

FRANÇOIS SOLIMENE.

Hauteur 2 pieds, sur 18 pouces de large.

16 Un sujet allégorique. La principale figure est celle d'une femme assise & dans une attitude majestueuse, qui, le bras gauche appuyé sur une pierre, & soutenant sa tête de son autre bras, a à ses pieds des livres &

une armure de guerrier ; deux enfans qui s'embrassent sont à ses côtés, & plus loin un Ange descendu du ciel tient la couronne de l'Immortalité. Tout est précieux dans ce tableau, le dessin en est correct, le coloris vigoureux, & l'expression noble, simple & vraie. 125

CLAUDE GELÉE, DIT LE LORRAIN.

Largeur 4 pieds, sur 2 pieds 9 pouces de haut.

17 Une Marine. Un magnifique Palais bâti au bord de la mer, & qui offre un péristile orné de colonnes, qui y sert d'entrée, occupe presque la moitié du tableau, & se détache en clair sur un groupe d'arbres : un gros vaisseau, dont on ne voit que le tiers, se remarque dans l'autre partie, & se détache en brun sur son fond, qui en cet endroit est très-lumineux; on y découvre une côte défendue par des tours, & diverses barques remplies de matelots, qui font les manœuvres nécessaires pour aborder au rivage : le ton de couleur de ce tableau est admirable, la touche en est libre, franche, & l'effet très-piquant. 2500

HERMAN VAN SWANEVELT,

Connu sous le nom d'HERMAN D'ITALIE.

Larg. 2 pieds 9 pouc. sur 1 pied 10 pouc. de haut.

18 & 19 Deux des plus excellens tableaux qui soient sortis des mains de ce Peintre, un de ceux dont la maniere a le plus approché de celle

celle de Cl. Lorrain, dont il étoit le contemporain & le fidele imitateur.

Dans l'un, sur le devant, on voit un troupeau de différens animaux, gardé par un rustre; sur le second plan est un groupe d'arbres, qui, se détachant en brun sur son fond, fait paroître avec plus de fraicheur une prairie qui occupe le troisiéme plan, & dans laquelle on apperçoit un autre troupeau de gros bétail; cette prairie est traversée par une riviere où quelques uns de ces animaux viennent s'abreuver; l'horison est terminé par des montagnes.

Le Pendant n'est pas moins intéressant: une montagne assez escarpée & dans laquelle est pratiqué un chemin où sont placées avantageusement plusieurs figures; un groupe d'arbres qui occupe le milieu du tableau, une prairie qui le termine, & un chemin de détour où l'on apperçoit un piqueur & un cavalier qui conduisent une meute de chiens; tout cela réuni & joint à divers animaux qui, placés au sommet de la montagne, se détachent en brun sur le ciel, rend ce tableau d'autant plus piquant, qu'il est d'ailleurs du plus grand effet, & l'on oseroit presque dire que la nature y est embellie.

GASPRE DUGHET, beau-frere du POUSSIN.

Largeur 6 pieds, sur 4 de haut.

20 Un grand Paysage très-riche de composi-

tion, & dont le site est admirable; c'est un assemblage d'arbres & de montagnes où chaque objet est traité dans son véritable genre; il est impossible de voir des arbres mieux feuillés, & dont la touche soit plus legere & plus facile : ce tableau a d'ailleurs l'avantage d'être enrichi de figures & d'animaux peints par Nic. Poussin, & d'avoir été exécuté à détrempe, ce qui a conservé à la couleur sa fraicheur & l'a empêché de pousser au noir, ainsi qu'il n'est arrivé que trop souvent aux tableaux que le Gaspre a peint à l'huile. Deux grands arbres sur le devant se détachent en brun & font valoir un beau fond bordé de montagnes, au bas desquelles est une riviere où se voyent deux pêcheurs.

IDEM.

Hauteur 5 pieds 2 pouc. sur 3 pieds 9 pouc. de large.

21 Un autre grand Paysage traité dans la maniere de Salvator Rose; une moitié du tableau est occupée par une haute montagne couronnée d'arbrisseaux & de diverses broussailles, au pied de laquelle on voit un grand arbre mort & n'ayant presque plus d'écorce; cet objet vraiment pittoresque, est rendu avec autant de vérité que de gout. Quatre arbres, dont deux sont dépouillés de leurs feuilles, un allongement de terrein & quelques montagnes dans le lointain, achevent la composition du tableau, & l'on sent au mou-

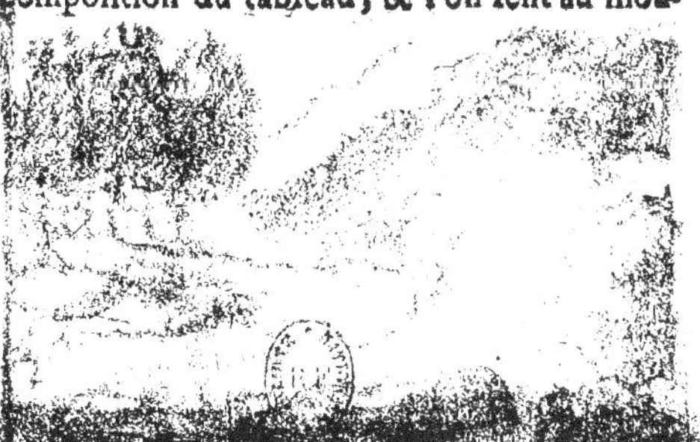

vement dont les feuilles des arbres sont agités, que le Peintre a eu en vue d'y représenter un coup de vent.

Le tableau étoit dénué de figures, M. L. M. Vanloo y en a ajouté qui forment deux groupes, dont un représente le Samaritain, qui, descendu de son cheval, y met l'homme percé de coups qu'il rencontre sur son chemin.

FRANÇOIS MILLET,

Surnommé FRANCISQUE.

Larg. 2 pieds 9 pouc. sur 2 pieds 3 pouc. de haut.

22 Un beau Paysage. Sur le devant sont quatre figures, dont une femme debout vue par le dos, touche une guittare qu'accompagne de sa flutte un paysan assis ; plusieurs gros arbres touffus occupent un côté du tableau & font valoir un beau fond où l'on voit plusieurs maisons, des arbres & une petite riviere. Les figures qui ornent ce tableau sont de Bon Boulongne l'aîné.

JACQUES COURTOIS,

Surnommé LE BOURGUIGNON.

Larg. 2 pieds 1 pouce, sur 1 pied 7 pouces de haut.

23 Un Combat de Cavaliers, les uns armés d'armes à feu, & les autres d'armes blanches ; on y compte environ vingt-quatre combattans, tous en action & cherchant à se signaler par leur valeur ; quelques détachemens dans

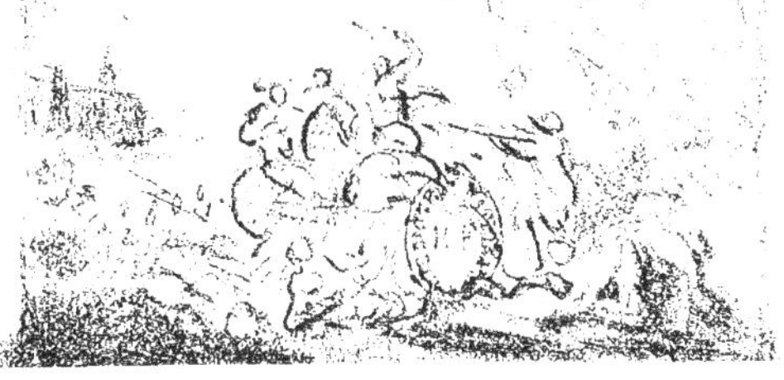

le fond en poursuivent d'autres. Il a fallu avoir assisté à des combats, pour en prendre aussi bien l'esprit que l'a fait ici le Bourguignon ; aussi est-ce un de ses plus excellens ouvrages.

PIERRE-PAUL RUBENS.

Haut. 1 pied 10 pouc. sur 1 pied 6 pouc. de large.

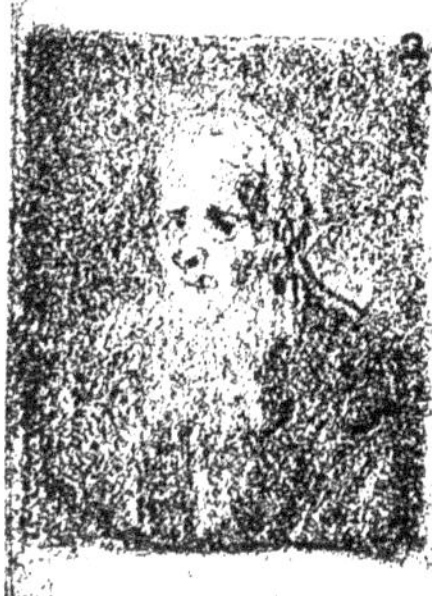

24 Une belle Tête de vieillard, dont la barbe & les cheveux ont blanchi, & qui est vue de face ; ses yeux sont pleins de feu, & ce qui paroît du corps est couvert d'une draperie bordée de fourrure ; cette tête, qui est du ton de couleur le plus vigoureux, & dont le faire est très-hardi, semble peinte au premier coup, & faite de rien ; cependant elle prend un relief que le seul Rubens étoit capable de lui donner ; elle est de grandeur naturelle.

ANTOINE VAN-DYCK.

Haut. 2 pieds 8 pouc. sur 2 pieds 2 pouc. de large.

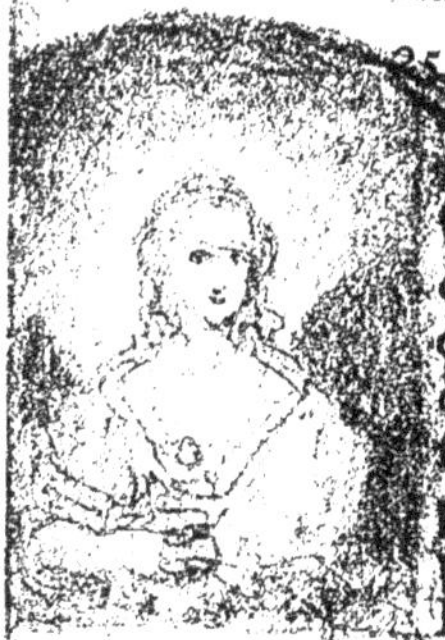

25 Le Portrait d'une très-belle femme, en demie figure & de grandeur naturelle ; la tête vue de face est ornée de cheveux bouclés qui lui tombent négligemment sur le front & sur les épaules ; sa gorge est découverte, un collier de perles lui environne le col, & deux perles en pendeloques sont attachées à ses oreilles ; son vêtement est de satin blanc, enrichi de pierreries ; le fond du tableau est occupé en partie par un rideau jaune brodé, qui, dans l'endroit qu'il ne couvre pas, laisse voir un

beau ciel ; le tableau eſt ceintré dans la partie ſupérieure. Quelle expreſſion, quelle vérité de couleur & quelle fineſſe de touche ne trouve-t'on pas dans cet habile Artiſte ? auſſi eſt-ce avec juſtice que Van-Dyck tient le premier rang parmi ceux qui, comme lui, ont peint des portraits.

IDEM.

Hauteur 1 pied, ſur 7 pouces de large.

26 Le Portrait d'une Anglaiſe, en pied dans un jardin près d'une fontaine où elle porte la main droite, de l'autre elle ſouleve un côté de ſa robe qui eſt de ſatin cramoiſi; le fichu feſtoné, qui lui couvre les épaules, eſt poſé de façon à laiſſer entrevoir une belle gorge ; la fontaine eſt décorée d'une figure de pierre, qui repréſente l'Amour tenant un vaſe d'où ſort de l'eau, & au bas eſt un roſier ; le fond eſt un payſage très-ſpirituellement touché : ce petit tableau eſt d'un précieux fini & très-vigoureux de couleur.

REMBRANDT VAN-RYN.

Hauteur 1 pied 2 pouces, ſur 1 pied de large.

27 Le buſte de Notre-Seigneur : tout le jour tombe ſur la tête, qui, vue de face, eſt claire & lumineuſe, & d'un caractère ſi pathétique, qu'il eſt impoſſible de la regarder ſans éprou-

ver la plus vive émotion. Le reste de la figure lui est sacrifié; l'habillement est de couleur brune, & l'on n'apperçoit qu'à peine une partie des deux mains. C'est ainsi que dans ce tableau & dans les deux suivans, Rembrandt a rassemblé toutes les forces de son art pour produire l'illusion.

IDEM.

Haut. 2 pieds 8 pouc. sur 2 pieds 2 po. de large.

28 Un Portrait de femme en demie figure & de grandeur naturelle; elle se montre de face, n'a sur la tête aucune coëffure, sa gorge est couverte d'une chemise plissée, & le corps d'une espéce de mantille: le ton de couleur en est chaud & vigoureux.

IDEM.

Haut. 2 pieds 8 pouc. sur 2 pieds 2 pouc. de large.

29 Un Buste d'homme, dont la tête à courte barbe, est d'un très-beau caractère; le corps est enveloppé d'un manteau; il a sur la tête un chapeau rabattu, & autour du col une chaîne de pierres fines de différentes couleurs: Tableau précieux, & qu'on ne peut trop admirer.

DAVID TENIERS.

Larg. 5 pieds 6 pouc. sur 4 pieds 5 pouc. de haut.

30 Une Fête Flamande, dans la composition de laquelle il entre au moins dix-huit figures

semblées dans l'intérieur d'une maison; celle qui joue le principal rôle est un homme assis à côté d'une petite table sur laquelle est un vase de terre contenant du feu pour allumer sa pipe; elle est dans une de ses mains, ainsi qu'un pot à bierre qui est posé sur son genou; la tête de cet homme est vue de face, & derriere lui est un autre homme debout vu par le dos dans une de ces attitudes que ce maître a si souvent employée; dans le fond de la chambre est une cheminée autour de laquelle sont divers paysans occupés à jouer & à boire. La touche de ce tableau est tout-à-fait spirituelle & fine.

DAVID TENIERS.

Largeur 11 pouces, sur 7 pouces 6 lignes de haut.

32 Un Vendeur de Moules qui a fait arrêter sa brouette vis-à-vis d'une maison d'où sortent un homme & une femme; un bonnet fourré, garni d'une longue plume, lui sert de coëffure; & la bouche ouverte, il semble avec beaucoup d'expression, annoncer ce qu'il vend, & pour le mieux faire connoître, il tient entre ses mains une moule qu'il ouvre; on apperçoit dans le fond du tableau deux chaumieres & plusieurs petites figures, avec du paysage: c'est un morceau très-précieux; il est peint sur bois.

IDEM.

Hauteur 8 pouces, sur 6 de large.

33 Le Portrait d'un vieillard vu presque de

face, la tête nue, portant des cheveux très-courts, une grande fraise autour du col, le corps enveloppé d'un manteau noir, & ayant les deux mains croisées. Ce tableau est d'un effet charmant, & la touche en est très-legère.

PHILIPPE WOUVERMANS.

Largeur 2 pieds, sur 19 pouces de haut.

34 Une composition aussi agréable que variée; dans laquelle il entre un grand nombre de figures, des animaux, des fabriques & du paysage; le devant en est occupé par une maison construite en brique, dont la porte ouverte & entourée d'un cep de vigne, laisse entrevoir dans l'intérieur de l'édifice un homme & un enfant; près de là, & toujours sur le même plan, une femme qui trait une chèvre, reçoit les carresses d'un homme qui voudroit lui mettre la main dans le sein, tandis qu'un valet d'écurie présente du fourage au cheval d'un cavalier qui en est descendu, & qui le tient par la bride; plusieurs autres figures & animaux accompagnent ces deux groupes. De l'autre côté on apperçoit une petite riviere où des gens se baignent, & où l'on mene abreuver des chevaux; l'horison se termine par une plaine & divers coteaux. Ce tableau est reconnu pour être un des plus précieux de cet Artiste.

PIERRE VAN-LAER,
Surnommé BAMBOCHE.

Largeur 2 pieds, sur 1 pied 5 pouces de haut.

35 La Parabole de l'Enfant prodigue, qui, réduit à garder les pourceaux, debout, les mains jointes & baissées, & les yeux fixés vers le ciel, semble implorer son assistance & rougir de sa situation; trois figures, dont ce sujet fait l'entretien, sont dans un coin du tableau qui a pour fond une ruine entremêlée de paysage.

ADRIEN BROUWER.

Largeur 12 pouces, sur 8 de haut.

36 Un sujet de Tabagie Flamande : dans le nombre de huit figures qui la composent, on remarque une femme assise, qui, le verre en main, accompagne de sa voix un homme qui est debout à ses côtés, & qui joue du violon.

JEAN STEEN.

Hauteur 15 pouces, sur 12 de large.

37 L'intérieur d'une chambre dans laquelle on voit un chirurgien de village qui panse une playe à la jambe d'un paysan que sa femme accompagne, & qui, par son attitude, semble partager avec son mari la douleur qu'il ressent. Le fond du tableau, qui est un des plus excellens de ce Peintre Hollandois, & où il regne une belle harmonie, représente un laboratoire

dans lequel un homme s'occupe à piler des drogues.

BARTHOLOMÉ BREEMBERG.

Largeur 21 pouces, sur 13 de haut.

38 Deux tableaux pendans, de forme ovale, représentant des campagnes agréables & ornés de figures & d'animaux ; le premier est remarquable par un groupe d'arbres, bordé par une riviere qui en occupe le devant ; dans l'autre on voit un Pont rustique, sur lequel passe un troupeau d'animaux : Ils sont tous les deux d'un beau ton de couleur & d'un grand effet.

HENRY STEENWYCK.

Largeur 21 pouces, sur 15 de haut.

39 Un intérieur d'Eglise gothique, qu'un accident de lumiere projettée sur une chapelle, rend d'un effet extrêmement piquant ; les figures en sont peintes par le Breughel de Velours. Le plus grand nombre est à genoux & se prépare à recevoir la bénédiction du Saint Sacrement, que va leur donner le prêtre qui est lui-même en acte d'adoration. Quelque précieux que soit en lui-même le travail de Steenwyck, cette addition de figures ne contribue pas peu à en augmenter infiniment le mérite aux yeux des connoisseurs & des curieux.

IDEM.

6 pouces, sur 4 pouces 6 lignes, en ovale.

40 Autre intérieur d'Eglise ; un homme qui

porte un flambeau paroît sur le devant, & dans le fond d'un des bas côtés, on apperçoit une chapelle où se donne la bénédiction du Saint Sacrement. Ce petit tableau est fin & d'un bel effet. 240

PIERRE NEEFS.

Largeur 21 pouces, sur 15 de haut.

41 L'intérieur d'une Eglise des Pays-bas, qui par l'heureux effet de la perspective, paroît d'une vaste étendue; elle se présente en face, & non-seulement l'on en découvre la nef & le chœur, mais encore une partie des bas côtés; quantité de figures spirituellement touchées, ornent ce tableau, qui est d'une belle couleur & d'un fini précieux; il sert de pendant à celui du N°. 39, dont il a les mêmes dimensions. 150

JEAN GRIFFIER.

Largeur 20 pouces, sur 14 de haut.

42 Du Gibier jetté sur un bout de pierre, & gardé par un chien dont on ne voit que la tête; des troncs d'arbres, des ronces & diverses plantes bien groupés, enrichissent ce tableau précieux par la finesse de la touche & la vérité qui y regne. 79

PIERRE PATEL.

3 pieds, sur 2 pieds 2 pouces, en oval.

43 Un riche Paysage, de forme ovale, dans

lequel il entre des figures, des animaux, & les ruines d'un temple dont il ne reste que huit colonnes sur pied; il symétrise avec un bois touffu qui est vis-à-vis, & dans l'entre-deux on découvre un horison bordé de montagnes; les figures qui sont sur le premier plan du tableau, sont au nombre de douze; leur occupation est de garder & de conduire des troupeaux.

IDEM.

Hauteur 22 pouces, sur 15 de large.

44 Deux très-agréables Paysages ornés, ainsi que le précédent, de figures, de ruines & d'animaux divers; dans l'un on voit sur le devant une chasse au sanglier; l'autre présente la vue d'une riviere, au bord de laquelle est un Pêcheur, & qui est traversée par un pont d'une seule arche, d'où plusieurs cavaliers s'acheminent vers une ville défendue par une vieille tour. 600 l. St Yves

KNELLER.

Hauteur 2 pieds 8 pouces, sur 2 pieds de large, un peu ceintré du haut.

45 Le Portrait en buste de Baptiste Monnoyer, célèbre Peintre de fleurs; sa tête se présente de face, & est couverte d'un bonnet de velours rouge. L'estampe en est connue; elle est gravée en maniere noire par de White. 118 Vany

SEBASTIEN BOURDON.

Largeur 5 pieds, fur 3 pieds 9 pouces de haut.

46 Un grand Payfage qu'enrichiffent des ruines & de l'architecture, & que rendent plus intéreffant encore les figures au nombre de douze, que le Peintre y a introduites, & qui ont pour fujet la Samaritaine de l'Evangile. Le tableau eft clair, bien compofé, & d'une parfaite confervation.

IDEM.

Larg. 3 pieds 4 pouc. fur 2 pieds 6 pouc. de haut.

47 Un Payfage remarquable par une chute d'eau qui, traitée d'une façon très-pittorefque & très-vraie, tombe dans une riviere, d'où quatre pêcheurs montés dans un batteau, font occupés à retirer leurs filets.

IDEM.

48 Le tableau qui fait pendant avec le précédent, repréfente une campagne ouverte, qui laiffe appercevoir une ville dans le lointain, & dans laquelle ferpente fur le devant une petite riviere où font entrées deux vaches, & dont les eaux forment une petite cafcade.

IDEM.

Largeur 14 pouces, fur 11 de haut.

49 Laban faifant la recherche de fes idoles dans les équipages de Jacob fon gendre; compo-

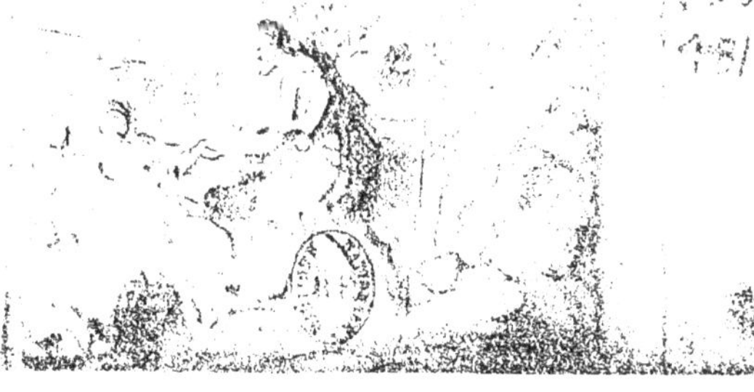

sition de neuf figures, dont les caractères de têtes sont pleins d'expression, & variés selon la qualité des personnages auxquels ils appartiennent, & qui consistent en hommes, ou femmes, & en enfans, ayant autour d'eux plusieurs animaux.

IDEM.

Largeur 2 pieds, sur 18 pouces de haut

50 Le départ de Jacob. Ce tableau traité avec *Vaghesse*, & d'un ton argentin, qui le rend très-agréable, présente une composition de quinze figures, qui devient très-intéressante par la variété des objets qu'elle renferme; on y voit sur un des côtés, un beau groupe de femmes & d'enfans, & sur le devant du tableau deux hommes à moitié nuds, & d'un gout de dessin excellent, qui sont occupés à lier des ballots; l'on y voit aussi un grand nombre d'animaux divers. 150 [illegible]

IDEM.

Hauteur 23 pouces, sur 18 de large.

51 Un portrait d'homme, sans mains, la tête vue de face, des cheveux bruns pendans jusques sur son vêtement qui est d'une étoffe noire, & qui reçoit le col de la chemise, rabattu par dessus. Ce portrait est d'une vérité singuliere; la tête est pleine de vie & d'expression. 200 [illegible]

FRANÇOIS VANDER-MEULEN.

Larg. 5 pieds 6 pouc. sur 3 pieds 6 pouc. de haut.

52 Deux Tableaux faiſant pendans, repréſentans des batailles, dans chacune deſquelles on peut compter trois cent figures; elles forment différens groupes, & dans tous on remarque la même ardeur, ſoit pour attaquer, ſoit pour ſe défendre; les uns ſoutiennent avec opiniâtreté un combat égal, & ſe ſignalent par des actions de valeur, tandis que d'autres intimidés prennent la fuite, & ſont vivement pourſuivis par leurs adverſaires: mais ce qui releve infiniment le merite de ces deux tableaux, c'eſt la vigueur & la fraicheur du coloris, la variété d'expreſſion qu'on y remarque, la légereté & la fineſſe de la touche, & l'art ſi difficile de multiplier les figures & les groupes ſans confuſion, & de faire concourir un grand nombre d'effets particuliers, & qui paroiſſent indépendans les uns des autres, à la production d'un effet total qui ſoit un, & dont il réſulte, pour le ſpectateur, une impreſſion grande, forte & durable. Dans l'un une mêlée générale fait le principal objet, & ſur le ſecond plan les ennemis pourſuivis paſſent une petite riviere à la nage; dans l'autre pluſieurs groupes de combattans, l'épée à la main, occupent le devant du tableau; ſur le ſecond plan eſt le groupe le plus nombreux, près d'un village où ſe livre la bataille; dans le fond

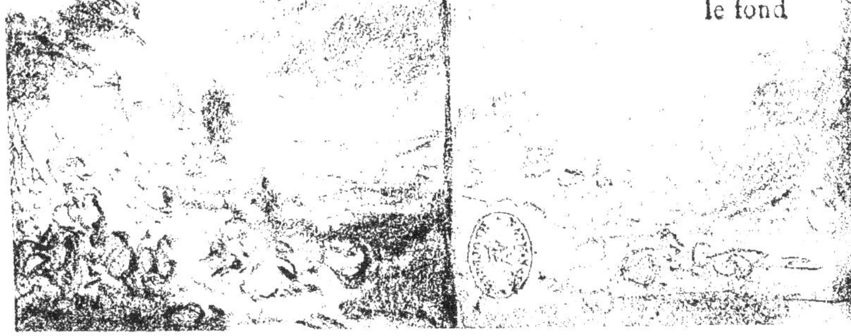

le fond on voit divers détachemens qui prennent la fuite ; un peu de paysage orne ces deux morceaux, dont on ne peut trop faire l'éloge.

JACQUES VANLOO.

Hauteur 22 pouces, sur 18 de large.

53 Deux bustes de forme ovale : l'un représente le portrait de l'Auteur, bisayeul de Louis-Michel Vanloo ; il s'est peint vêtu en Arménien, soulevant de la main-gauche son vêtement, & la tête couverte d'un bonnet fourré ; l'autre est le portrait de son pere, peint dans le stile de Rembrandt.

JEAN-BAPTISTE VANLOO.

Larg. 5 pieds, sur 3 pieds 3 pouces de haut.

54 Diane se reposant au retour de la chasse, accompagnée des Nymphes de sa suite, au nombre de douze, dont quelques unes se baignent, & d'autres lui présentent une corbeille remplie de fruits ; elle est assise au pied d'un rocher, & l'on voit auprès d'elle des chiens & le gibier qu'elle a tué ; cette riche composition est soutenue par un dessin coulant & correct ; la couleur en est brillante, la touche hardie & franche, l'effet agréable ; en un mot, tout en est séduisant ; c'est un des chef-d'œuvres d'un Artiste qui a si bien mérité de notre Ecole. Toutes les figures de ce tableau ont 12 pouces de proportion.

JEAN-BAPTISTE VANLOO.

Hauteur 19 pouces, sur 15 de large.

55 Saint Pierre délivré de la prison : l'Ange qui l'accompagne descend avec lui des dégrés sur lesquels sont endormis quatre Soldats. C'est l'esquisse presque terminée du grand tableau que tout le monde voit avec tant de plaisir dans l'Eglise de l'Abbaye de Saint Germain des Prés ; esquisse où tout le feu du génie de l'Artiste, se manifeste, & dont les Connoisseurs font avec raison le plus grand cas.

IDEM.

Hauteur 18 pouces, sur 10 de large.

56 Notre Seigneur attaché à la colonne, & flagellé par quatre bourreaux ; cette esquisse, touchée avec beaucoup d'esprit, est peinte en grisaille; c'est la même composition qu'a gravée M. le Comte de Caylus, à quelques changemens près.

IDEM.

Hauteur 2 pieds 4 pouc. sur 1 pied 10 pouc. de large.

57 Une Tête de vieillard à barbe grise, ainsi que les cheveux, le corps couvert d'une draperie, les mains croisées, la tête de trois quarts, le regard fixé vers le ciel ; le ton de la chair en est très-vigoureux. 170

IDEM.

Hauteur 2 pieds, sur 21 pouces de large.

58 Le Portrait de Louis XV. en buste, couvert d'une cuirasse. On en connoît l'estampe gravée par Daullé. 36

IDEM.

Hauteur 6 pieds, sur 4 pieds 6 pouces de large.

59 Une très-belle copie du tableau de la Sainte Famille, peint par Raphael, qui est à Versailles, & dont il y a l'Estampe gravée par Edelinck; elle est de même grandeur que l'original, & très-fidele.

IDEM.

3 pieds en quarré.

60 Deux belles copies de deux Portraits en demie figure, peints par Van-Dyck; l'un est celui d'un Evêque en camail violet, bordé de rouge, au bas duquel pend sur la poitrine du Prélat une croix de cristal montée en or; dans une de ses mains est un papier; de l'autre il tient le bras du fauteuil qui lui sert de siége. 31

Le second est celui d'un personnage dont on ignore le nom, & dont la tête est d'un fort beau caractère; il est pareillement assis dans un fauteuil, & il porte la main à une médaille pendue à un cordon bleu; de l'autre il tient un papier. 31

LOUIS-MICHEL VANLOO,

Fils de JEAN-BAPTISTE.

Hauteur 3 pieds, sur 2 pieds 6 pouces de large.

61 La Magdeleine pénitente ; elle est vue jusqu'aux genoux, le bras droit appuyé sur une pierre, & soutenant de la main sa tête, dont les yeux sont fixés sur une tête de mort ; une draperie blanche, négligeamment arrangée, laisse voir son épaule & une partie de sa gorge ; la lumiere bien répandue sur ce tableau, y fait briller les chairs. 120

IDEM.

Largeur 3 pieds 9 pouces, sur 3 pied de haut.

62 L'Etude, représentée sous la figure d'une femme assise, vue jusqu'aux genoux, qui, environnée de livres, en tient un grand ouvert, sur lequel elle fixe ses regards ; près d'elle est un cocq, symbole de la vigilance ; un rideau cramoisi, & de grosses colonnes, servent de fond au tableau. 200

IDEM.

Hauteur 4 pieds, sur 2 de large.

63 L'Amour en pied, tenant son arc & tirant une fléche de son carquois qu'il a derriere lui : le caractère de la tête est spirituel & expressif, & le faire en est sçavant & hardi.

IDEM.

Hauteur 7 pieds, sur 5 de large.

64 L'Education de l'Amour, composition fort agréable de trois figures; Mercure assis aux pieds d'un arbre, tient un papier sur lequel l'Amour, qui est vu par le dos, montre quelque chose; Venus à demie couverte d'une draperie blanche, préside à l'éducation, & est vue de face sur un nuage.

IDEM.

Hauteur 4 pieds 10 p. sur 3 pieds 6 p. de large.

65 Le Portrait d'un jeune Mylord en pied vêtu à l'espagnole, & ayant une fraise autour du col; sa veste, sa culotte & son manteau sont de satin jaune doublé de blanc; un grand rideau cramoisi sert de fond au sujet, & laisse entrevoir un fond de jardin. Ce tableau peint dans le gout de Van-Dick, est d'une belle couleur & d'une grande correction de dessin.

IDEM.

Hauteur 6 pieds 6 pouces, sur 4 pieds de large.

66 Trois grands Portraits en pied, copiés d'après Van-Dyck, dont deux hommes & une femme. Ces tableaux sont des Etudes faites avec grand soin, & dont M. Vanloo a sçu tirer de grands avantages pour son talent.

CARLE VANLOO.

Hauteur 3 pieds 4 pouces, sur 3 pieds de large.

67 Enée sauvant son pere Anchise de l'embrâsement de Troyes, & suivi de son petit-fils Ascagne; Enée cuirassé, porte son pere enveloppé d'une draperie qui laisse voir le haut de son corps nud; ce superbe tableau a été fait en Italie, & est assez connu pour ne pas entrer dans un plus grand détail sur son excellence; il vient du cabinet de M. de la Live. Il y en a l'estampe gravée par Dupuis.

IDEM.

Haut. 2 pieds 4 pouc. sur 1 pied 10 pouc. de large.

68 La Tête d'un Vieillard portant une barbe grise, les yeux fixés vers le ciel; elle est vue de trois quarts, d'une expression admirable, & d'un ton de couleur digne du Féti; elle a la bouche entr'ouverte & la larme à l'œil, ce qui pourroit faire penser que le Peintre a eu dessein de représenter S. Pierre pénitent.

IDEM.

Hauteur 25 pouces, sur 22 de large.

69 Le Vœu de Louis XIII. esquisse avancée du grand tableau qu'on voit dans l'Eglise des petits Augustins de la place des Victoires.

IDEM.

Hauteur 27 pouces, sur 17 de large.

70 Sainte Clotilde, esquisse très-avancée du tableau qui est dans la chapelle du château de Choisy-le-Roi; cette Sainte est à genoux devant un tombeau, au-dessus duquel est une gloire d'Anges.

IDEM.

Largeur 3 pieds 6 pouc. sur 4 pieds 6 pouc. de haut.

71 L'Esquisse du grand tableau connu par l'estampe qui en a paru, & qui représente la célèbre Actrice Mlle. Clairon faisant le rôle de Médée; elle est dessinée au bistre sur papier collé sur toile.

IDEM.

Larg. 4 pieds 2 pouces, sur 3 pieds 3 po. de haut.

72 Vertumne & Pomone, jolie esquisse d'une belle composition.

IDEM.

Haut. 2 pieds 10 pouc. sur 2 pieds 3 pouc. de large.

73 Deux belles Académies peintes de grandeur plus que demie nature; l'une se montre de face, & porte la main gauche sur son épaule droite; l'autre embrasse avec ses deux mains sa jambe gauche qui est posée sur une draperie; la tête, ainsi que le corps, sont vus de profil; elles sont toutes deux assises: le ton

de couleur en est très-vrai, & elles sont supérieurement bien peintes & bien dessinées.

CARLE VANLOO.

74 La Présentation de Notre Seigneur au temple, par Saint Siméon; composition de huit figures, grand dessin exécuté au crayon noir, rehaussé de blanc; il est en hauteur, monté sous verre, dans une bordure dorée.

FRANÇOIS VANLOO,
Fils de JEAN-BAPTISTE.

Hauteur 6 pieds 3 pouces, sur 3 pieds de large.

75 Le Triomphe de Galathée, qu'accompagnent & que célèbrent des Nymphes & des Divinités des Eaux, au nombre de plus de vingt cinq figures; ce qui forme un enchaînement d'heureux groupes, lesquels laissent dominer la principale figure qui se trouve placée au milieu du tableau; d'un côté l'on voit dans le fond le Mont Ethna, & sur le sommet d'un rocher le Cyclope Polyphême tenant sa flute à sept tuyaux. Cette agréable & savante composition fait justement regretter que son Auteur, (*) mort à la fleur de son âge, n'ait

(*) Il périt cruellement à son retour de Rome, où il étoit allé pour se perfectionner, & fut emporté comme Hippolyte, par un cheval fougueux qu'il montoit, & qui le laissa à demi mort au milieu du chemin. On le transporta à Turin, où il expira peu de jours après entre les bras de Carle Vanloo son oncle.

pas poussé plus loin sa carriere. A juger seulement sur ce morceau digne des plus grands Maîtres, que ne devoit-on pas attendre de ce jeune Artiste? 1680

I D E M.

Largeur 5 pieds, sur 3 pieds 10 pouces de haut.

76 Une Femme endormie & couchée sur un lit; elle présente le dos, & comme elle est en opposition avec un rideau rouge qui lui sert de fond, les chairs en paroissent plus fraiches, & elles sont en effet d'un excellent ton de couleur. 180 Sorbet

I D E M.

Largeur 4 pieds, sur 3 de haut.

77 Une autre femme nue, jouissant d'un sommeil paisible; elle est vue de face, & dans une attitude qui n'a rien d'indécent; on voit que le but de l'Artiste dans ce tableau, a été principalement de montrer son habileté dans le dessin, ainsi que dans l'emploi de la couleur. Pour que l'attitude de cette femme endormie, fit sujet, il y a peint l'Amour qui descend de l'Olympe, & qui, profitant du sommeil dans lequel elle est plongée, s'apprête à la percer d'une de ses fléches. 220

I D E M.

78 Une Académie d'homme à demi couché sur une draperie rouge qui est étendue sous lui; on suppose que c'est un guerrier, & dans cet esprit on a mis derriere lui une cuirasse & un bouclier. 80

BAPTISTE MONNOYER.

Hauteur 2 pieds 6 pouces, ſur 2 pied de large.

79 Deux tableaux pendants, dans chacun deſquels eſt repréſenté un vaſe rempli de différentes fleurs ſçavament groupées & touchées avec beaucoup d'art.

SIMEON CHARDIN.

Largeur 14 pouces, ſur 8 de haut.

80 Un bas Relief, peint & imité d'après un excellent original de François Queſnoy, dit le Flamand, qu'on a vû dans le cabinet de M. Crozat, & depuis dans celui de M. le Baron de Thiers; on y voit des enfans au nombre de huit, qui jouent avec un bouc, & dont un de la troupe ſe cache derriere un grand maſque & le préſente à l'animal dans le deſſein de le faire reculer; le bas-relief eſt feint de bronze, & le ton en eſt ſi parfaitement rendu, qu'il produit une illuſion que le toucher ſeul eſt capable de détruire.

JOSEPH VERNET.

Largeur 4 pieds, ſur 2 pieds 9 pouces de haut.

81 Un Port de Mer d'Italie, d'une riche & magnifique ordonnance; une douzaine de figures occupées de différens travaux, ſont rangées ſur le premier plan; les uns y raccommodent un filet, d'autres mettent un batteau à flot: ces figures jointes à une grande

maſſe de rochers, d'une forme tout-à-fait pittoreſque, & d'un beau ton de couleur, ſervent à établir une diſtance aſſez conſidérable entre le devant du tableau & la poſition d'une Ville maritime, qui, dans le ſecond plan, eſt aſſiſe ſur des roches, ainſi qu'une tour élevée qui lui ſert de phanal; un vaiſſeau de guerre du premier rang, paroît plus loin, les voiles en ſont déployées, & il eſt prêt à quitter le port; comme il eſt en oppoſition avec un ciel clair & ſerain, au moment que le ſoleil ſe couche, il en réſulte un effet de lumiere admirable. Ce morceau précieux, qui ſuffiroit ſeul pour immortaliſer M. Vernet, fut fait pour M. L. M. Vanloo, qui deſiroit ardemment un tableau de ſon ami, qui pût ſervir de pendant à la belle Marine de Cl. le Lorrain, dont nous avons parlé ſous le N°. 17. 1700 Villeminot

Largeur 3 pieds, ſur 2 pieds 3 pouces de haut.

82 Divers fruits & légumes avantageuſement groupés, dont on ne connoît pas l'auteur; mais ce n'en eſt pas moins l'ouvrage d'un bon Maître, & qui a excellé dans ce genre; la touche en eſt ferme & hardie; le fond du tableau repréſente la vue d'un jardin orné de jets d'eau.

83 Divers Tableaux de différentes grandeurs, qui ſeront diviſés en pluſieurs lots.

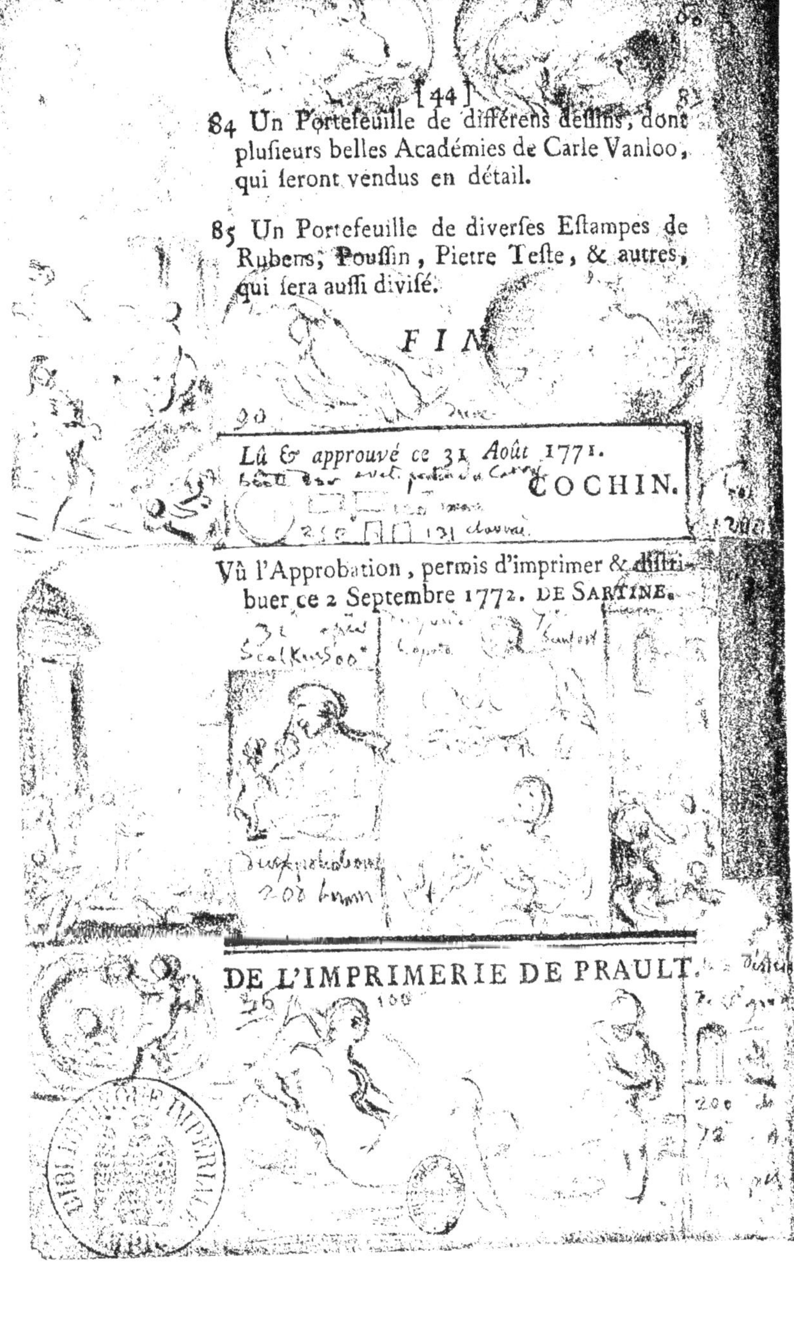

84 Un Portefeuille de différens deſſins, dont pluſieurs belles Académies de Carle Vanloo, qui ſeront vendus en détail.

85 Un Portefeuille de diverſes Eſtampes de Rubens, Pouſſin, Pietre Teſte, & autres, qui ſera auſſi diviſé.

FIN.

Lû & approuvé ce 31 Août 1771.

COCHIN.

Vû l'Approbation, permis d'imprimer & diſtribuer ce 2 Septembre 1772. DE SARTINE.

DE L'IMPRIMERIE DE PRAULT.

LIVRET DU SALON
DE 1761

Livret du Salon de 1761

(Cabinet des Estampes de la Bibliothèque Nationale)

Le catalogue du Salon de 1761 étant le premier en date des trois livrets de Salons illustrés par Gabriel de Saint-Aubin qui nous sont parvenus, il semblerait qu'on eût dû, en bonne logique, ouvrir par lui cette série de notices. Mais, quand on a commencé cette publication, on ne pouvait ni connaître l'accueil qui lui serait réservé, ni partant savoir combien elle comporterait de volumes ; et, comme le livret du Salon de 1761 avait déjà fourni la matière d'un travail approfondi — le premier travail vraiment critique dont l'œuvre de Gabriel de Saint-Aubin ait fait l'objet — il a paru préférable de publier tout d'abord les deux livrets inédits des Salons de 1769 et de 1777.

D'autre part, on pouvait se demander s'il était utile de comprendre dans le cadre de cette publication le livret du Salon de 1761, déjà connu et attentivement étudié, et si on ne lui reprocherait pas d'usurper ici la place de tel autre livret entièrement inédit. Réflexion faite, ces objections n'ont pas paru suffisantes pour écarter un livret, qui est, à l'heure actuelle, le plus remarquable de tous ceux que Gabriel de Saint-Aubin a illustrés, tant à cause de l'importance des œuvres dessinées que de la perfection des dessins. Au surplus, dans les trois articles de la *Gazette des Beaux-Arts* qu'il a consacrés au Salon de 1761, M. Casimir

Stryienski n'a pu reproduire que huit pages du livret sur les trente qui sont illustrées; il restait donc une part d'inédit assez considérable pour satisfaire les plus difficiles.

Il m'est impossible de dissimuler, néanmoins, tout ce que la présente notice doit au travail si documenté de M. C. Stryienski: pour l'étude de l'ensemble du Salon, pour la lecture des annotations et l'examen des croquis de Saint-Aubin; pour l'identification des œuvres exposées, je n'ai pu que reproduire ses renseignements et ses notes, et ce n'est que sur certains points de détail que j'ai été assez heureux pour ajouter quelque chose à son excellente monographie (1). Le plan adopté par M. C. Stryienski diffère un peu de celui qui m'est imposé par la nécessité de donner, à la suite de cette introduction historique, un dépouillement analytique des dessins et des notes du livret: au lieu d'examiner celui-ci page à page, comme l'a fait mon devancier, en indiquant au fur et à mesure l'importance de chaque œuvre, sa place dans l'histoire de chaque exposant et l'accueil que lui réservèrent les critiques d'art contemporains, je donnerai d'abord un coup d'œil d'ensemble sur le Salon et j'envisagerai ensuite le livret illustré par Saint-Aubin, considéré en lui-même, en tant que document artistique et historique.

I

Sur l'exceptionnel intérêt du Salon de 1761, les avis des critiques de l'époque s'accordent à l'unanimité, et, pour ne citer que Diderot: « Jamais nous n'avons eu un plus beau Salon. Presque aucun tableau absolument mauvais; plus de bons que de médiocres, et un grand nombre d'excellents ». « Comptez, ajoute le correspondant de Grimm: le *Portrait du roi* par Michel Vanloo; *la Madeleine dans le désert* et *la Lecture*, par Carle; le *Saint Germain* qui donne une médaille à Sainte Geneviève, par Vien; le *Saint André* de Deshays; son *Saint Victor*, son *Saint Benoît* près de mourir; le *Socrate condamné* de Challe; le *Bénédicité* de Chardin; le *Soleil couchant* de Le Bel; les deux

(1) On trouvera, dans les notes accompagnant le dépouillement du livret, tous les renvois utiles aux articles de M. C. Stryienski, parus dans la *Gaz. des Beaux-Arts*, 3e période, 1903, t. XXIX, p. 279 et ss.; t. XXX, p. 64 et ss., et p. 209 et ss. Les pages du livret reproduites dans ces articles sont les pp. 7, 10, 11, 13, 14, 21, 22 et 24.

Vues de Bayonne [de Vernet], malgré leur peu d'effet; le *Diomède* de Doyen; le *Jeune élève* de Drouais; *la Blanchisseuse*, le *Paralytique*, *le Fermier brûlé*, le *Portrait de Babuti*, par Greuze; le *Crucifix de bronze* de Roland de La Porte, et d'autres qui ont pu m'échapper; et cette étonnante *Bataille* de Casanove » (1).

Par contre, Diderot se montre fort sévère pour la sculpture : « Autant cette année la peinture est riche au Salon, autant la sculpture y est pauvre. Beaucoup de bustes, peu de frappants. Les deux premiers sculpteurs de la nation, Bouchardon et Pigalle, n'ont rien fourni. Ils sont entièrement occupés de grandes machines » (2). Pour une année qui comptait parmi les exposants Lemoyne, Caffieri, Falconet, Pajou, Vassé et d'Huez, nous avons le droit de ne pas partager entièrement l'opinion de Diderot.

Aussi bien, il est assez curieux de constater que si le Salon de 1761 nous paraît mériter, dans son ensemble, les flatteuses appréciations des contemporains, ce ne sont pas toujours les mêmes considérants qui influent sur notre sentiment. Diderot mis à part, — et encore ! — l'admiration des visiteurs, de même que les commandes officielles, vont surtout « aux grandes machines », à la peinture historique ou religieuse; on néglige la peinture de portrait, la considérant comme un art inférieur, et l'on fait peu de cas de la scène de mœurs. Ainsi, tandis qu'il s'étend à n'en plus finir sur les envois de Hallé, de Pierre, de Deshayes, de Doyen, Diderot accorde tout juste quatre lignes à l'exposition de La Tour, admirablement représenté par une dizaine de pastels; les portraits de Greuze, pourtant très chaudement recommandés à l'attention, cèdent le pas, dans son compte rendu, à *l'Accordée de village* et à toutes les anecdotes sentimentales réunies autour de ce tableau célèbre; une page est consacrée à la *Réception du roi à l'Hôtel de Ville de Paris*, par Roslin, et les portraits du même auteur sont expédiés en deux rapides paragraphes. Le reste à l'avenant.

Il n'en demeure pas moins que ce Salon est bien fait pour intéresser à un double point de vue : d'une part, il montre à merveille le goût de toute une époque pour les grandes compositions, plus ou moins décoratives, dont beaucoup sont oubliées ou

(1) Diderot, éd. Tourneux, t. X, p. 151.

(2) *Op. cit.*, t. X, p. 145.

dédaignées aujourd'hui, et de l'autre il réunit ce que notre temps admire le plus dans la production du XVIIIe siècle : portraits de Nattier, de La Tour, de Roslin, de Drouais, intimités et natures mortes de Chardin, paysages de De Machy, pastorales de Boucher. Il satisfait en quelque sorte l'opinion de deux siècles : ce qui nous paraît vieilli connut jadis la vogue, et ce qu'on méprisait alors, nous le portons aux nues.

Quelque chose encore augmente le charme d'une promenade rétrospective à travers les salle du Louvre où le bon « tapissier » Chardin avait disposé, pour quelques semaines, les œuvres de ses confrères de l'Académie, c'est la valeur intrinsèque des envois, le mérite de ces productions, peu nombreuses certes, mais étudiées et parachevées ; « cinquante-trois artistes peintres, sculpteurs et graveurs représentèrent officiellement l'art français en 1761, écrit M. C. Stryienski, et parmi ces membres de l'Académie royale, une trentaine au moins ont laissé un nom, ce qui est une belle proportion... » (1). Il est juste d'ajouter que le Salon de 1761 n'était pas, tant s'en faut, une exposition de débutants : à l'exception de François Casanova et de Pierre-Antoine Beaudouin non portés au livret et nouvellement reçus, tous les autres avaient fait leurs preuves et conquis leurs titres, quelques-uns depuis de longues années déjà. C'était une exposition de gloires consacrées et de talents mûris, et les renseignements fournis par le livret ne sont pas seuls à nous en informer, nous pouvons en juger sur une bonne partie des œuvres elles-mêmes.

En effet, une heureuse chance a favorisé la conservation d'une quantité de peintures et de quelques-unes des sculptures exposées au Louvre en 1761, et il n'existe peut-être pas un Salon du XVIIIe siècle qu'on puisse représenter aujourd'hui par un aussi grand nombre d'œuvres originales. Au musée du Louvre, on rencontre la *Décollation de Saint Jean-Baptiste*, de Pierre ; *les Génies de la Poésie, de l'Histoire, de la Physique et de l'Astronomie*, de Hallé ; le *Portrait de la Dauphine Marie-Josèphe de Saxe*, de La Tour ; *l'Accordée de village*, de Greuze, et le portrait du peintre par lui-même ; enfin le *Pluton* de Pajou, *le Martyre de Saint André* de d'Huez, et le *Lycurgue blessé dans une sédition*, de Cochin (ces deux sculptures et ce dessin étant les morceaux de réception de chacun de ces artistes).

(1) *Op. cit.*, t. XXX, p. 220.

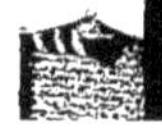

Le Musée de Marine possède les deux *Vues de Bayonne*, de J. Vernet; le musée Carnavalet, l'*Intérieur de Sainte-Geneviève*, de De Machy ; le Muséum d'histoire naturelle, *les Quatre parties du Monde*, de Bachelier, quatre panneaux provenant du château de Choisy ; la Comédie-Française a le buste de *Mlle Clairon*, par Lemoyne, et la Bibliothèque Sainte-Geneviève, celui de *Rameau*, par Caffieri.

A défaut de la peinture de Vanloo représentant le portrait en pied de *Louis XV* en grand costume, le palais de Versailles conserve la tapisserie des Gobelins exécutée par Cozette d'après ce portrait, non loin de *Mme Infante en costume de chasse*, par Nattier, et des portraits du *Marquis de Marigny* et du peintre *Boucher* par Roslin ; enfin, si l'on n'a plus les esquisses de Lenfant, on trouve à Versailles les tableaux terminés des batailles de *Fontenoy* et de *Lawfeld.*

L'église Saint-Louis de Versailles fournit une contribution plus importante encore. M. Stryienski a remarqué que l'on pouvait suivre toute l'histoire de la peinture religieuse au XVIIIe siècle, dans ce monument si souvent comblé des libéralités royales ; le *Songe de Saint Joseph*, de Jeaurat, *la Descente de croix*, de Pierre, *Saint Vincent de Paul prêchant*, de Hallé, *Saint Pierre délivré de sa prison*, de Deshayes, *le Baptême de Jésus-Christ* d'Amédé Vanloo y représentent quelques-unes des peintures du Salon de 1761 les plus longuement critiquées ou louangées par Diderot.

Le fronton de Dumont existe toujours à la Manufacture de Sèvres, qui garde, parmi ses modèles, la *Jeune fille cachant l'arc de l'Amour*, par Falconet.

Si l'on passe aux musées de province, la liste ne manquera pas de s'allonger encore : à Orléans, on trouvera le *Saint Benoit, près de mourir, venant recevoir le viatique à l'autel*, de Deshayes, et *le Jeune élève*, de Drouais, dont la traduction en tapisserie, par Cozette, est dans la collection du comte I. de Camondo ; à Rouen, *Saint André conduit au martyre*, de Deshayes ; à Angers, *Sainte Anne instruisant la Vierge*, de ce même Deshayes, dont les œuvres ont eu, cette année-là, une fortune singulière, et le buste du médecin *C. Falconet*, par Falconet ; à Saint-Quentin, le portrait de *Crébillon*, par La Tour ; à Amiens, *les Amusements de l'enfance*, de Hallé ; enfin à Troyes, le buste du *P. Le Cointe*, par Vassé.

Pour compléter cette reconstitution, quelques emprunts aux collections particulières de la France et de l'étranger seraient nécessaires : *le Bénédicité* et la *Corbeille de fraises*, de Chardin, sont chez Mme Jahan, née Marcille ; le *Dessert* et les *Fruits*, du même, provenant de chez Roettiers, orfèvre du roi, dans la collection du baron Henri de Rothschild ; la *Nymphe sortant de l'eau*, de Falconet, est au château de Dampierre, chez le duc de Luynes ; le *Portrait de Babuti*, par Greuze, appartenait naguère à la collection Rodolphe Kann, aujourd'hui dispersée ; *le Jugement de Pâris*, de Pierre, est conservé à Potsdam, dans les collections de S. M. l'empereur d'Allemagne ; et le *Jeune berger interrogeant le sort pour savoir s'il est aimé de sa bergère*, de Greuze, dans la collection Morisson, en Angleterre.

Avec quelques gravures d'œuvres perdues, comme celle de Miger d'après le portrait de *N. Vernier* de Louis-Michel Vanloo, celle de C. de Méchel d'après *l'Amour menaçant* de Carle Vanloo, celle de Malapeau d'après la *Réception du roi à l'Hôtel de Ville de Paris* de Roslin, celle de Beauvarlet d'après le portrait de *MM. de Béthune jouant avec un chien* de Drouais, celle d'Augustin de Saint-Aubin d'après le buste de *Crébillon* par Le Moyne, et d'autres encore, on finirait par avoir la physionomie à peu près complète du Salon de 1761...

II

Mais que dis-je ? Point n'est besoin de si longues recherches ni de si patientes investigations. Le Salon de 1761, nous le possédons tout entier, ensemble et détails ; il tient en raccourci dans ces quelques feuillets du livret officiel où Gabriel de Saint-Aubin, après avoir noté sur place la silhouette des œuvres exposées, a repris ses croquis à loisir et les a mis à l'effet avec une étourdissante virtuosité. Il faut le reconnaître, en effet, ce petit catalogue est le plus complètement et le plus délicatement « fini » de tous les ouvrages enrichis par Saint-Aubin d'illustrations marginales. D'autres sont admirables pour la rapidité et la concision des croquis, devenus chez cet enragé dessinateur comme une sorte d'écriture cursive ; d'autres nous retiennent par la justesse synthétique de l'effet, par des ragouts imprévus de lavis et de gouache, par des mélanges de sanguine et de crayon ; d'autres encore, moins curieux à nos regards pour la beauté des dessins, ont le mérite de nous fournir des notes précieuses, des bribes de documents historiques. Mais il n'en est pas un où l'artiste ait fait preuve de plus de simplicité dans la maîtrise, montré plus d'entente de la lumière, résumé avec plus d'éloquence l'essentiel d'une peinture, d'une statue, d'un dessin même, que ce livret, dont les marges n'ont pas suffi à contenir les minuscules croquis, envahissant tous les blancs, débordant sur le texte même, toujours repassés à l'encre et parfois relevés de lavis, avec la patience d'un enlumineur. Plus tard, le métier de Saint-Aubin se compliquera et s'alourdira de retouches et de surcharges ; en 1761, il est dans toute sa fraîcheur et dans tout l'éclat de sa verve. Que l'on se reporte aux croquis d'après les œuvres de Carle Vanloo, par exemple ; qu'on examine *le Jugement de Pâris* de Jeaurat, *le Bénédicité* de Chardin, *les Charmes de l'harmonie* et *l'Espérance nourrissant l'Amour* de Doyen, *l'Accordée de Village* de Greuze, le *Lycurgue blessé* de Cochin, les bustes de Lemoyne et de Caffieri, les statues de Vassé et de Challes, et qu'on dise s'il est possible de mieux comprendre et de mieux définir toutes ces œuvres d'art, d'en résumer la composition et l'effet général avec plus de finesse et de précision.

Car, on ne saurait trop le répéter, Saint-Aubin n'est pas de ceux qui sacrifient la précision à l'effet. Non seulement ses croquis microscopiques gardent une exactitude rigoureuse, mais il renforce encore leur intérêt documentaire par ses remarques et ses annotations. Tantôt, il décrit le costume de *la Dauphine Marie-Josèphe de Saxe* par La Tour : « palatine bleue, 2 ordres, ruban rouge et noir, colier de grosses perles, bracelet de petite »; tantôt il détaille la décoration du prince Xavier de Saxe (*le Comte de Lusace*, par La Tour) et en transcrit la devise : « *pro fide, lege, rege* »; tantôt encore, il indique en quelques mots la destination d'une œuvre (le *Portrait du roi*, de L.-M. Vanloo, pour le château de Ménars ; *Saint Vincent de Paul prêchant*, de Hallé, pour Saint-Louis de Versailles ; *Zéphire et Flore*, de Vien, pour l'Hôtel de Hollande ; le médaillon du roi, par Vassé, pour la cheminée de l'Hôtel de Ville, etc.); d'autres fois, il dessine les « bordures », en mentionne le coût (Roslin), l'auteur (Drouais) ou l'inspirateur (Doyen) ; le plus souvent il corrige ou complète les descriptions du catalogue (Carle Vanloo, Hallé, Deshayes, Vernet, de Machy, Drouais,

Doyen, etc.); enfin, il lui arrive à tout propos de confier à son livret des remarques, des souvenirs, des appréciations personnelles : devant *la Fuite en Égypte*, de Pierre, il note ce fait-divers : « volé avec 5 autres tableaux à la bibliotèque du roy, avec 2 portefeuilles de desseins, le tout estimé 8.000 l. novembre 1761 » ; au lieu de dessiner les envois d'Oudry, il inscrit cette note énigmatique : « suppression de ses tableaux, excuses aux officiers » ; les Basques qui sont au premier plan du *Port de Bayonne* de Vernet lui suggèrent une association d'idées, et il écrit : « J'ai vu *les Festes basques* aux Italiens, 25 octobre 1761 » ; *le Jeune élève* de Drouais le frappe par sa « tête lumineuse », et *le Jeune berger qui tente le sort pour sçavoir s'il est aimé de sa bergère*, de Greuze, lui rappelle un envoi du même peintre au précédent Salon : « Je crois, note-t-il, qu'il fait pendant à la jeune fille tenant une fleurette, intitulée *la Simplicité*, à Mme Jeoffrin, 1759 » ; enfin, s'il accompagne le buste de *Mme de Pompadour* d'un madrigal insignifiant, il souligne celui de *Mlle Clairon* d'un renseignement historique : « placé le 5 septembre 1761 ; à elle donné par M. Bouret ».

On arrêtera ici les citations ; aussi bien, le lecteur curieux de ces documents les trouvera-t-il à leur place, dans le dépouillement analytique qui fait suite à cette introduction. Toutefois, on ne saurait, sans risquer d'être incomplet, passer sous silence une importante catégorie de notes, à laquelle il a été fait allusion dans chacune des études précédentes sur les livrets des Salons de 1769 et de 1777 : je veux parler des identifications des peintures — et notamment des portraits — exposés sans détail sous un numéro commun. Après tout ce qu'on sait de la difficulté qu'il y a souvent à retrouver, dans les anciens livrets, une œuvre d'art ayant figuré à une exposition du XVIIIe siècle, il est à peine besoin d'insister sur les inappréciables services que peuvent rendre en certains cas les croquis et les notes de Saint-Aubin. En ce sens, le livret du Salon de 1761 est particulièrement riche en informations. Dès le n° 2, voici trois envois de L.-M. Vanloo détaillés par Saint-Aubin : d'une part « M. Vernier, conseiller au grand conseill, et Mme son épouse », celle-ci « brodant » ; et de l'autre « Mlle Vanloo, fille de M. Carle, cousine de l'auteur et épouse de M. Bron ». Au n° 35, ce sont quatre peintures ou esquisses de Deshayes, dont nous avons le croquis et la désignation : « *Noël*, *Tobie*, *Régulus*, *Érigone et*

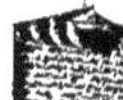

Bacchus en raisin ». A la page 14, on lit ces trois lignes vagues : « Par M. de La Tour, conseiller. 49. Plusieurs tableaux en pastel sous le même numéro » ; et l'on se désolerait de ne connaître ni le nombre de ces portraits, ni leurs modèles, si Saint-Aubin n'avait pas pris soin d'en dessiner dix en les accompagnant de notes très précises : voici donc « M. de Crébillon, âgé de 88 ans ; M. Philipe, employé des aides ; M. de Pauche ; Monseigneur le duc de Bourgogne ; Madame la Dauphine ; Monseigneur le comte de Lusace ; M. Chardin ; M. Lesdeguive, notaire, chés lequel demeure M. de Laporte » ; enfin une femme en buste avec cette note « aigrette de cheveux », qui me paraît être un détail du portrait de la Dauphine. Par un surcroît de conscience, Saint-Aubin a dessiné sur une autre page (p. 4), à plus grande échelle, le duc de Bourgogne, la Dauphine Marie-Josèphe de Saxe et son frère le prince Xavier de Saxe (le comte de Lusace) ; enfin, il a détaillé, comme on l'a vu, le costume de la Dauphine (p. 4) et la décoration du comte de Lusace (p. 14). Pour Chardin, nous savons, grâce à Saint-Aubin, ce que représentaient les « deux tableaux de forme ovale », désignés sans plus de détails sous le n° 45, et nous apprenons que les portraits exposés par Roslin sous le n° 72 étaient ceux du peintre Boucher et de sa femme. La *Dame jouant de la harpe* et la *Demoiselle quittant sa toilette* de Drouais sont les portraits des « Demoiselles de Vérière », et les tableaux exposés par le même peintre sous le n° 84 et non détaillés au livret, « M. et Mme de Buffon » et un « vielleur » à la « manche d'abit retroussées ». Le n° 117 est indiqué par le livret comme étant « une tête, portrait en marbre de grandeur naturelle » par Falconet, et Saint-Aubin nous révèle que cette tête est celle de « M. Falconet, médecin du roi »...

Enfin, de même qu'il complète le livret et répare les omissions — par exemple, en ajoutant au buste de Rameau, seul envoi mentionné de Caffieri (n° 133), « la Sibile Éritrée, en marbre, du cabinet de M. de La Live » —, de même il relève les œuvres figurant au catalogue, mais non exposées : le *Saint Roch* de Francisque Millet, les tableaux de Vernet annoncés en bloc sous le n° 69, *la Paix* de Pajou, *la Mélancolie* de Falconet et la *Petite fille qui cache l'arc de l'Amour*, du même — celle-ci « non vue au Sallon, mais exécutée à Sève ». Rien n'échappe à cet aimable flâneur, et le plaisir qu'on prend à détailler sa virtuosité de dessinateur n'est certainement pas moindre que celui qu'on trouve à déchiffrer ses pattes de mouches; il est réellement le « curieux » par excellence, il voit tout, il sait beaucoup, il dit presque tout ce qu'il sait et ce qu'il voit, et il le dit très bien puisqu'il peut ajouter des « légendes » précieuses à ses incomparables croquetons.

Après cela, quoi d'étonnant à ce que les renseignements fournis par ces petits livres permettent quelquefois d'heureuses retrouvailles? Lorsqu'il a publié son travail, M. C. Stryienski a montré par deux fois tout le profit qu'on pouvait tirer d'un dessin et d'une note de Saint-Aubin : il a d'abord précisé l'identification, déjà indiquée par M. Maurice Tourneux dans son édition de Diderot, du *Bénédicité* de Chardin du Salon de 1761, avec une peinture de la collection de Mme Jahan, née Marcille; ce tableau diffère, en effet, de celui du Louvre en ce qu'il offre une composition en largeur, complétée sur la gauche par l'addition d'un petit domestique apportant un plat; le rapprochement du croquis de Saint-Aubin et du *Bénédicité* de Mme Jahan ne laisse aucun doute sur l'identité des deux documents (1). En second lieu, les détails du costume de la Dauphine Marie-Josèphe de Saxe, relevés par Saint-Aubin sur le portrait de La Tour, ont amené M. C. Stryienski à reconnaître dans le pastel du Louvre le portrait exposé en 1761 et non pas en 1763, comme on le croyait jusqu'alors (2). Depuis lors, M. Jean Guiffrey s'est servi du livret de 1761 pour compléter les notes critiques de son *Catalogue de l'œuvre de J.-B.-S. Chardin*, et il a retrouvé chez le baron Henri de Rothschild les deux natures mortes ovales, de l'ancienne collection Roettiers. Le dessin du buste de *Mme de Pompadour*, par Lemoyne, a permis à M. G. Brière de repousser une identification proposée de cette sculpture avec un buste de femme provenant de la collection La Béraudière... Le champ est ouvert aux chercheurs, et, dans quelques années, quand on établira le bilan de ce qu'on doit à ces croquis de Saint-Aubin, on sera surpris de voir aussi longue la liste de ce qu'ils auront permis de retrouver, d'identifier et de contrôler, un peu dans tous les genres.

Car, s'il a eu des préférences, il ne les a point montrées; il s'est arrêté avec une égale attention devant les portraits, les

(1) Voir plus loin, p. 57).

(2) Voir plus loin, p. 58).

paysages, les ruines, les scènes de genre, comme devant les grandes peintures allégoriques, historiques ou religieuses, dans le goût de celles qu'il avait sans doute rêvé de brosser, au temps où il poursuivait ses études en vue du prix de Rome.

M. Stryienski oublie peut-être les antécédents de l'artiste, les aspirations de ses débuts et les amertumes de ses échecs successifs, quand il écrit : « Au soin que Saint-Aubin a pris de reproduire l'exposition entière de La Tour et tant d'autres tableaux qui nous captivent aujourd'hui, on sent qu'il n'était pas dupe de l'engouement de son époque pour la peinture qui voulait être « grande » et ne pouvait l'être. Saint-Aubin est vraiment à l'aise lorsqu'il interprète l'élégance, le charme et le naturel des artistes ses contemporains, et s'il les suit dans le genre ennuyeux, c'est par pure conscience d'observateur ». A voir l'éclectisme avec lequel Saint-Aubin a dispensé son attention, et partant ses croquis, à tous les peintres et à tous les sculpteurs en vogue de son temps, je ne sais pas si tout le monde discernera aussi nettement que M. Stryienski, si le petit maître était dupe ou non des engouements de son époque ; mais ce que je sais bien, c'est qu'il n'est pas besoin d'isoler de son milieu un artiste comme celui-là, pour lui rendre pleine justice. Après tout, il était de son temps, cet homme ! Il avait passé toute sa jeunesse auprès de Boucher, de Jeaurat et de Collin de Vermont, il avait concouru pour le prix de Rome avec des sujets comme *Nabuchodonosor faisant crever les yeux à Sédécias* ou *Laban cherchant ses dieux*, il avait le goût des allégories et des symboles et il devait le garder toute sa vie (ses estampes et ses dessins en font foi) : nul doute qu'il dût prendre une part de plaisir et reconnaître une part d'intérêt aux grandes peintures de ses contemporains.

Cela ne lui enlève rien de son originalité ni de l'estime que l'on doit avoir pour son talent ; et c'est si vrai que M. Stryienski, après avoir écrit ce qu'on vient de citer, termine par la conclusion pleine d'à-propos que voici : « Tout son œuvre, du reste, est là pour nous prouver qu'il entendait être de son temps ; il était trop spirituel et trop vibrant pour n'avoir point compris que seuls les élus sont capables de s'élever à travers les siècles et l'espace, jusqu'à des sujets en dehors des pauvres contingences humaines, et il se contente de chercher ce qui, autour de lui, était intéressant. Il a dans l'histoire du XVIIIe siècle une place analogue à celle de La Bruyère au siècle de Louis XIV, et c'est une place qui peut faire plus d'un envieux » (1).

III

Un mot encore sur les caractéristiques du livret du Salon de 1761, déjà décrit dans l'introduction générale de ces *Catalogues de ventes et Livrets de Salons* (t. Ier, p. 23).

C'est une brochure, conservée au Cabinet des estampes de la Bibliothèque nationale, et intitulée : *Explication des peintures, sculptures et gravures de MM. de l'Académie royale dont l'exposition a été ordonnée dans le grand salon du Louvre pour l'année 1761* (Paris, imp. de J.-J.-E. Colombat, in-12, 36 p.).

A l'exception des pp. 1 (titre), 2, 3 (avertissement), 34, 35 et 36, toutes les pages sont ornées dans les marges, dans les blancs, quelquefois même en surcharge par-dessus le texte, de dessins à l'encre (certains repris après coup au lavis), et enrichies d'annotations, dont plusieurs sont postérieures à la clôture du Salon (voir, par exemple aux envois de Pierre et de Vernet).

Les pages non illustrées n'ayant pas été reproduites, on trouvera plus loin 31 planches, y compris le titre.

Voici maintenant le détail de ces dessins et de ces notes.

*
* *

Page 1. — Titre : EXPLICATION DES PEINTURES, etc., dont l'exposition a été ordonnée... dans le grand salon du Louvre, pour l'année 1761 ; Saint-Aubin : « Ouvert le 25 aoust et fermé le 4 octobre ».

Page 3. — AVERTISSEMENT. Pas d'illustration.

Page 4. — Fin de l'avertissement. — Sur toute la page, et par dessus le texte, grand dessin à l'encre et au lavis, d'après le *Portrait du roi*, par L.-M. VANLOO (n° 1) avec le cadre ; on lit en haut, à gauche : « Mr Corenion... Joulin, pont au change » (2).

En bas : trois dessins d'après des portraits de LA TOUR qu'on trouvera dessinés en plus petit p. 14 (n° 47),

(1) *Gazette des Beaux-Arts*, 3e pér., t. XXX, p. 222.

(2) Le premier nom est une lecture douteuse ; entre ce mot et le suivant, il y avait un autre mot détruit par l'usure de la marge.

et qui sont, de gauche à droite : *le duc de Bourgogne* debout et tenant des deux mains une coiffure (toque ou bonnet) ; — puis *la Dauphine* [Marie-Josèphe de Saxe], assise dans un fauteuil, la main droite appuyée sur un sceptre, avec cette note « palatine bleue, 2 ordres, ruban rouge et noir, collier de grosses perles, bracelet de petite » ; — enfin le Cte *de Lusace* [le prince Xavier de Saxe], debout, son tricorne sous le bras gauche (1).

PEINTURES

Page 5. — Louis-Michel VANLOO :

Le *Portrait du roi* en grand costume (n° 1) est dessiné en regard, sur la page du verso de l'avertissement. Note de St-Aubin : « Pour le château de Ménars appartenant à Madame la marquise de Pompadour » (2).

Sous le n° 2, sont groupés plusieurs *Portraits sans désignation*. Saint-Aubin les identifie : ce sont ceux de « M[r] le marquis de Fontenay, ambassadeur du roy de Pologne ; Mlle Vanloo en ovale ; M. Vernier, conseiller au grand conseill et Mme son épouse ». Ces quatre portraits sont dessinés : « Mme Vernier brodant », dans la marge de gauche, en pendant à son mari, lisant, dans la marge de droite (3) ; au-dessous, à gauche, M. de Fontenay (4), et à droite «Mlle Vanloo, fille de M. Carle, cousine de l'auteur et épouse de M. Bron » (5).

(1) Saint-Aubin a donné sur cette page la composition du panneau d'honneur du Salon, tel que l'avait disposé Chardin, le « tapissier » de l'exposition. Pour les notes sur les tableaux dessinés à cette page, voir aux pages 5 et 14 (n°s 1 et 47) du livret.

(2) « Vanloo fit, de 1760 à 1762, six portraits en pied de Louis XV, si bien qu'on voit à Versailles et dans les musées de province plusieurs tableaux qui répondent à la description de celui-ci. Ce portrait fut gravé par Cathelin ; Cozette le reproduisit en tapisserie. Ce gobelin d'une belle conservation est à Versailles dans les nouvelles salles du rez-de-chaussée, et porte, tissée dans la trame, cette inscription : *Michel Vanloo pinxit 1760, Cozette texuit 1771* » (C. STRYIENSKI, *op. cit.*, t. XIX, p. 283).

(3) Il existe un portrait de Nicolas Vernier, gravé par Miger d'après L.-M. Vanloo, dans un ovale entouré d'attributs, où le personnage est vu en buste sans les bras.

(4) Ce personnage, dit M. C. Stryienski, n'était pas marquis ; « il portait le titre de : général comte de Fontenay ; il fut un des rares familiers de la Dauphine Marie-Josèphe » (*op. cit.*, t. XIX, p. 284).

(5) Les mots guillemetés sont ajoutés par Saint-Aubin ; il avait d'abord écrit « et nièce » au lieu de « et cousine ». Cette *Mlle Vanloo* est la même que son père Carle Vanloo a peinte toute enfant dans un charmant portrait gravé par F. Basan. Elle avait épousé, en effet, Benoist Bron, inspecteur général du département des postes, qui signe en cette qualité deux actes d'état-civil publiés par HERLUISON, datés de 1765 et 1769 (*Actes d'état-civil d'artistes fr.*, p. 262 et 263).

Page 6. — Dumont le Romain :

En bas de la page : *la Publication de la Paix en 1749*, tableau allégorique (n° 3). — Note de St-Aubin : « payé [biffé] 10.000 l. d'honoraires » (1).

Page 7. — Carle Vanloo :

A la suite de ses titres : « ... directeur de l'École royale des élèves protégés », note de St-Aubin : « Mr Le Fevre, pensionnaire, 1761 ». Au crayon au dessous : « M. Oudon » (2).

En haut, à gauche : *la Magdeleine dans le désert* (n° 4) (3) ; — au-dessous, deux tableaux représentant des *Jeux d'enfants* (n° 8) ; note de St-Aubin : « des amours qui embellissent un appartement où ils entrent les armes à la main ».

A droite, de haut en bas : *une Lecture* (n° 5) ; une *Offrande à l'Amour* (n° 6) ; — *l'Amour menaçant* (n° 7) (4).

Boucher :

Pastorales et *paysages* sous le même numéro (n° 9). — Saint-Aubin en a dessiné six :

A gauche et à droite, se faisant pendant, deux ovales : un berger cueillant des fleurs pour sa bergère assise près de lui, et deux bacchantes endormies surprises par un satyre (5) ; — au bas de la page, à gauche : une grande scène campagnarde rectangulaire (6) ; — puis, l'un au-dessus de l'autre, deux paysages ; — enfin à droite, une peinture ovale représentant, d'après St-Aubin, « *Jupiter* [*et*] *Calisto* ».

(1) Le dessin de Saint-Aubin est le seul vestige du tableau de Dumont le Romain, exécuté pour l'Hôtel de Ville de Paris et détruit en 1793.

(2) Ces deux notes concernent deux artistes entrés en 1761 à l'École des élèves protégés, dont C. Vanloo était le directeur : Dominique Lefèvre ou Le Febvre, d'Ottanges, élève de Vien, et le sculpteur Houdon (Courajod, *l'Ec. royale des él. prot.*, p. 130, 180 et 182, et *Journal* de Wille, t. I, p. 177).

(3) Tableau exécuté pour l'église Saint-Louis du Louvre et disparu avec ce monument. Le dessin de Saint-Aubin en est le seul vestige.

(4) *L'Amour menaçant* a été gravé par C. de Mechel. — *La Lecture* et *l'Offrande à l'Amour* appartenaient à Mme Geoffrin.

(5) M. Stryienski fait remarquer qu'il existe plusieurs estampes de R. Gaillard et de Vidal, d'après Boucher, inspirées du même sujet, mais dont la composition ne concorde pas avec le croquis de Saint-Aubin.

(6) Très chaudement commentée par Diderot : « Quel sujet a jamais rassemblé dans le même endroit, en pleine campagne, sous les arches d'un pont, loin de toute habitation, des femmes, des hommes, des enfants, des bœufs, des vaches, des moutons, des chiens, des bottes de paille, de l'eau, du feu, une lanterne, des réchauds, des cruches, des chaudrons ?... Quel tapage d'objets disparates ! On en sent toute l'absurdité ; avec cela on ne saurait quitter le tableau. Il vous attache » (Diderot, t. X, p. 112).

Page 8. — JEAURAT :

En haut, à gauche : *le Songe de Saint-Joseph* (n° 10) (1).

PIERRE :

Marge de gauche : *Jésus-Christ descendu de la croix* (n° 11) (2) ; — en regard, marge de droite : *la Fuite en Égypte* (n° 12) ; note de St-Aubin : « volé avec 5 [?] autres tableaux à la bibliotèque du roy, avec 2 portefeuilles de desseins ; le tout estimé 8.000 l. ; 9bre 1761 » (3) ; — au-dessous : *la Décollation de saint Jean-Baptiste* (n° 13) (4).

Au bas de la page : *le Jugement de Pâris* (n° 14) ; note de St-Aubin : « la Discorde est à côté de Pallas » (5).

Page 9. — NATTIER :

En haut, à gauche : *Portrait de feue Mme Infante en habit de chasse* (n° 15) (6).

HALLÉ :

Marge de gauche, de haut en bas : *les Génies de la Poésie, de l'Histoire, de la Physique et de l'Astronomie* (n° 16) (7) ; — l'un des deux petits tableaux (« de 4 pieds », note St-Aubin) représentant des *Pastorales* (n° 18) ; — *une Dame dessinant à l'encre de Chine*, ovale (n° 19) ; — au-dessous, un petit tableau (n° 20), dit le livret, « d'*une femme qui amuse son enfant avec un moulin à vent* » ; St-Aubin corrige « d'une *dame* qui amuse *l'enfant d'une savoiarde* avec un moulin à vent » ; et il ajoute : « cette dame a un chat sur les genoux ».

Marge de droite, de haut en bas : *Saint Vincent de*

(1) Aujourd'hui à Saint-Louis de Versailles. Cette église, remarque M. Stryiensky, « ne renferme pas moins de cinq toiles ayant été exposées au Salon de 1761 ; on y peut étudier l'art religieux du XVIIIe siècle aussi bien qu'à Saint-Roch » (*op. cit.*, t. XXIX, p. 289).

(2) A Saint Louis de Versailles.

(3) On retrouva sans doute ce tableau, car il est décrit dans le *Catalogue hist.* du cabinet de La Live de Jully (1764, in-4°, p. 53) et figura à la vente de cet amateur (1770), n° 98 du Catalogue.

(4) Au Musée du Louvre.

(5) Commandé pour Frédéric II. Aujourd'hui à Potsdam.

(6) Au Musée de Versailles. Sur ce portrait de la fille aînée de Louis XV, voir P. DE NOLHAC, *Nattier peintre de Mesdames filles de Louis XV* (*Gaz. des Beaux-Arts*, 3e période, 1895, t. XIV, étudié p. 45 ; reproduit p. 37).

(7) Au Musée du Louvre. Gravé par Pennequin dans la *Gaz. des Beaux-Arts* (1er article de C. Stryienski), 3e pér., t. XXIX, p. 292. — Ce tableau était destiné à être reproduit en tapisserie par la Manufacture des Gobelins.

Paul prêchant (n° 17), « pour Saint-Louis de Versailles », note Saint-Aubin (1) ; — au-dessous, l'une des deux *Pastorales* désignées sous le n° 18 ; — en bas : *une Sainte famille*, « où l'on voit saint Joseph dormant sur un lit », remarque St-Aubin, qui prend soin de noter que ce tableau (n° 21) est « plus petit » que le précédent.

Page 10. — VIEN :

En haut : *Zéphire et Flore* (n° 22), avec cette note de St-Aubin : « pour l'hôtel d'Holande, rue du Temple » (2).

Dans la marge de gauche, de haut en bas : *Saint Germain donne une médaille à sainte Geneviève* (n° 23) (3) ; — *une Jeune grecque qui orne un vase de bronze d'une guirlande de fleurs* (n° 26) ; à côté, un détail du même tableau (4) ; — *la Déesse Hébé* (n° 27) ; à côté, un détail : le « mamellon » de la déesse (5).

A droite, côte à côte, dans le texte et dans la marge : *la Musique* (n° 25), et *l'Amour et Psyché* (n° 24) ; — au-dessous, entre les lignes, esquisses de deux des tableaux groupés sans désignation sous le n° 28 : on distingue une silhouette de personnage vu à mi-corps, dessiné au crayon, et une tête aux regards levés vers le ciel.

DESHAYES :

En bas, à gauche : *Saint André conduit au martyre* (n° 29) (6).

Page 11. — DESHAYES (suite) :

Marge de gauche, de haut en bas : *Saint Victor amené devant le tribunal du préteur* (n° 30) ; — *Saint Pierre délivré de prison* (n° 31) (7) ; — *Saint Benoit, près de*

(1) Il est toujours dans cette église.

(2) L'Hôtel des Ambassadeurs de Hollande, aujourd'hui n° 47 de la rue Vieille-du-Temple. D'après M. de Champeaux, *l'Art décoratif dans le vieux Paris* (p. 188), ce plafond subsisterait encore ; mais M. Stryienski n'a pu obtenir du propriétaire actuel l'autorisation de visiter cet hôtel et de contrôler ainsi l'existence de la peinture de Vien.

(3) Exécuté pour Saint-Louis de Versailles, ce tableau ne s'y trouve plus ; il a été remplacé, dit M. Stryienski, par une copie de Mlle Cécile Thorel (1873) représentant le même sujet (*op. cit.*, t. XXIX, p. 294).

(4) A côté de la *Jeune Grecque*, dit M. Sryienski, « un sujet impossible à déterminer. » Je crois qu'il s'agit d'un dessin du fauteuil antique figurant à droite de ce tableau, repris en plus grand par Saint-Aubin.

(5) Après le mot « mamellon », un autre mot non lu.

(6) Au Musée de Rouen. — Ce tableau a été gravé par Ph. Parizeau.

(7) Dans l'église Saint-Louis de Versailles. — Gravé par Ph. Parizeau.

mourir, vient recevoir le viatique à l'autel (n° 32) (1) ; — le dernier dessin de la marge représente un des tableaux groupés sans désignation sous le n° 35 : « *Erigone et Bachus en raisin* », selon Saint-Aubin.

Marge de droite : les deux petits tableaux représentant des *Caravanes* (n° 33) (2) ; — *Sainte Anne faisant lire* [corr. de St-Aubin : « *instruisant*] *la sainte Vierge* (n° 34) (3) ; — le dernier dessin de la marge est un des tableaux classés sans désignation sous le n° 35.

Quatre des tableaux groupés sous le n° 35 ont été identifiés par St-Aubin ; ce sont : « *Noël, Tobie, Régulus, Erigone et Bachus en raisin* ». Il a également exécuté cinq croquis, au bas de la page, d'après ces peintures : à gauche *Érigone ;* au milieu, dans des cadres ronds : *la Nativité* [*Noël*] et *Tobie ;* au-dessus de ce dernier : peut-être *Régulus ;* enfin, dans la marge de droite, un dessin non identifié.

Page 12. — Amédée Vanloo :

Marge de gauche : *la Guérison de saint Roch* (n° 37) ; — les deux tableaux réunis sous le n° 38 et représentant des *Satyres*.

Marge de droite : *le Baptême de Jésus-Christ* (n° 36) (4).

Au bas de la marge de gauche : *la Mort de Cléopâtre*, de Challes (n° 39).

Page 13. — Challes (suite) :

En haut à gauche, empiétant sur le texte : *Socrate recevant la cigüe* (n° 40), dessin repris au lavis.

Chardin :

A droite, empiétant sur le texte : *le Bénédicité* (n° 42), dessin repris au lavis (5).

Au bas de la page : à gauche, un tableau de fleurs, non désigné au livret ; et à droite, en regard, un tableau d'animaux, peut-être les *Vanneaux* (n° 44).

(1) Au Musée d'Orléans.

(2) M. Tourneux signale le passage de ces deux petits tableaux à la vente Trouard (1779), où ils furent adjugés 1.507 l. (Diderot, t. X, p. 126, note).

(3) Au Musée d'Angers.

(4) A Saint-Louis de Versailles, chapelle des fonts baptismaux.

(5) Aujourd'hui dans la collection de Mme Jahan, née Marcille. Ainsi qu'on l'a dit dans l'introduction de ce Catalogue (voir plus haut, p. 50), l'identification de ce tableau, différent des deux *Bénédicités* du Louvre, a été indiquée par M. Tourneux (Diderot, t. X, p. 129, note 1) et précisée par M. C. Stryienski. Le tableau de Mme Jahan est reproduit dans la *Gaz. des Beaux-Arts* (2e article de C. Stryienski), t. XXX, pl. p. 68. — Voir aussi le *Catal. de l'œuvre de J.-B.-S. Chardin*, par Jean Guiffrey, n° 132, p. 78.

Page 14. — CHARDIN (suite) :

En haut, à gauche et à droite : les deux tableaux ovales, réunis sans désignation sous le n° 45, « environé d'un rameau et d'une chaîne d'or », ajoute Saint-Aubin, détaillant la bordure ; ce sont deux *Natures mortes* : à gauche, on distingue des bouteilles et des plats ; et à droite, une bouteille, un melon coupé, etc. (1) ; — au milieu de la marge supérieure : une autre nature morte (une pyramide de fruits, semble-t-il), mentionnée sans détail sous le n° collectif 46 (2).

LA TOUR :

Sous le n° 47, sont groupés « plusieurs tableaux en pastel » sans désignation ; Saint-Aubin a identifié ces portraits, et en a dessiné dix, à l'encre relevée de lavis.

D'abord, dans la marge de gauche : « Mr de Crébillon, âgé de 88 ans » (3) ; — au-dessous : « Mr Bertin » ; — puis, de gauche à droite, à la suite : « Mr Philipe, directeur [ce mot a été corrigé et remplacé par] employé des aides » ; — « M. de Pauche » ; — « Monseigneur le duc de Bourgogne » ; — « Madame la Dauphine » ; — « Monseigneur le comte de Lusace » (4) ; — au-dessus de ce dernier,

(1) D'après M. Stryienski, l'un de ces tableaux ovales — M. Stryienski écrit : « celui de gauche », sans doute par suite d'un lapsus, car il veut certainement parler de celui de droite — serait au Musée du Louvre : n° 105 de la Galerie La Caze ; je ne le crois pas, car, à supposer que cette peinture concordât avec le croquis de Saint-Aubin, elle ne pourrait être tout au plus qu'une répétition d'un de ces deux tableaux exposés en 1761. Ces tableaux, en effet, sont indiqués comme appartenant à M. Roettiers, orfèvre du roi, à la vente duquel ils passèrent ; ils sont tous deux aujourd'hui dans la collection du baron Henri de Rothschild. Voir le *Catal. de l'œuvre de Chardin*, par Jean GUIFFREY (nos 203 et 204, p. 88, où l'on indique leur provenance et notamment leur passage dans la collection « Rattiers »). M. Guiffrey rappelle que le Louvre possède une répétition de celle de ces deux *Natures mortes*, qui représente des *Fruits* (coll. La Caze, n° 87).

(2) M. Jean Guiffrey y voit *la Corbeille de fraises* de la collection de Mme Jahan (*Catal. Chardin*, n° 143, p. 80).

(3) Au Musée de Saint-Quentin. Souvent reproduit, notamment dans le 2e article de C. Stryienski (*op. cit.*, t. XXX, p. 69).

(4) Ces trois portraits ont déjà été dessinés page 4. Celui du prince Xavier de Saxe (*le Cte de Lusace*) est perdu ; il en reste une préparation à Saint-Quentin. — De même pour le portrait du *duc de Bourgogne* ; le jeune prince était mort à l'âge de dix ans au mois d'avril 1761. — Le portrait de la Dauphine *Marie-Josèphe de Saxe* est aujourd'hui au Louvre ; ce sont les croquis de Saint-Aubin et les annotations relatives au costume du modèle (p. 4), qui ont permis à M. Stryienski de faire cette identification, alors que l'on croyait que le portrait du Louvre était celui du Salon de 1763 (*op. cit.*, t. XXX, p. 70).

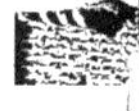

dans la marge, en pendant au portrait de Crébillon : « Mr Chardin » (1).

Au-dessous de la ligne qui sépare les envois de La Tour de ceux de Fr. Millet, à gauche : « Mr de Lesdeguive, notaire, chés lequel demeure Mr de Laporte » (2); — à droite, le détail de la décoration que porte le comte de Lusace, avec la devise «pro fide, lege, rege» ; — enfin, un portrait de femme en buste, — avec cette note : « aigrette de cheveux », — qui me paraît être un détail du portrait de la Dauphine.

Saint-Aubin ne dessine aucun des envois de Fr. Millet (n° 48-50) ; il se borne à noter, à côté du n° 48 *(Saint Roch visite les hôpitaux*, etc.) : « non vu au Sallon ».

Page 15. — Aucun dessin pour Boizot ni pour Antoine Le Bel.

Deux esquisses, empiétant sur le texte, d'après les dessins de Lenfant : *la Bataille de Fontenoy* et *la Bataille de Lawfeld* (n° 52) (3).

Page 16. — Aucun dessin pour Oudry ; cette note seulement, au crayon : « supression de ses tableaux, excuses aux officiers » (4).

Bachelier :

Sur le texte, d'un côté à l'autre de la page : *les Amusements de l'enfance* (n° 58) (5).

Marge de gauche : *la Fin tragique de Milon de Crotone* (n° 59).

En bas, de chaque côté : *l'Europe* (n° 60) à gauche, et *l'Asie* (n° 61) à droite, de la série des « quatre parties du monde représentées par les oiseaux qu'elles produisent ».

(1) Peut-être celui du Louvre.

(2) « Laideguive, notaire » et « le vieux Crébillon, à la romaine, la tête nue » sont cités nommément par Diderot (t. X, p. 130). — « Laporte » est une lecture douteuse.

(3) Les tableaux exécutés plus tard d'après ces esquisses sont aujourd'hui au Musée de Versailles.

(4) Je n'ai pu trouver l'explication de cette note de Saint-Aubin, dont on rapprochera ce passage de Diderot, sévère pour Oudry : « Personne n'a remarqué, écrit-il, *le Retour de chasse*, d'Oudry, ni son *Chat sauvage pris au piège*. Le véritable Oudry est mort il y a quelques années. C'était le premier peintre de notre école pour les tableaux d'animaux, et il n'est pas encore remplacé » (Diderot, t. X, p. 132). Il est bien évident que si les tableaux d'Oudry avaient été retirés du Salon, comme le dit Saint-Aubin, personne ne put les remarquer.

(5) Au Musée d'Amiens. Commandé pour être exécuté en tapisserie par la Manufacture des Gobelins, mais rejeté en 1794.

Page 17. — Bachelier (suite) :

Marge de gauche : *l'Afrique* (n° 62) et *l'Amérique* (n° 63), de la même série. *L'Amérique*, dit le livret, est désignée par le roi des Couroumoux, le katacoi — « à Mme la Marquise », ajoute Saint-Aubin — l'ara, le courly, la poule sultane et le coq de roche — « à M. Aubry, curé de Saint-Louis en lile », note encore Saint-Aubin (1).

Marge de droite : *la Fable du cheval et du loup* (n° 64), avec cette note au crayon : « chute d'eau derrière le loup » (2) ; — au-dessous : *un Chat angola qui guette un oiseau* (n° 65), « à M. Souflot », ajoute St-Aubin.

J. Vernet :

Le bas de la page est occupé par *la Vue de Bayonne* (n° 67), tableau de « 8 pieds sur 5 », note St-Aubin, qui a corrigé la description du livret; au passage : « on y voit la réunion des rivières de l'Adour et de la Nive », il a ajouté : « et les Pirénée dans le lointain » (3).

Page 18. — J. Vernet (suite) :

Suite de la même description. — Des deux ponts, « celui qui est dans le lointain est le pont de Panecau » ; St-Aubin ajoute entre les lignes : « avec la cage pour les filles, ainsi faite, [ici, il dessine la cage dans la marge de droite] pour les plonger dans la rivière » (4). Plus loin, le livret dit que les figures qui ornent le devant du tableau sont des Basques, et Saint-Aubin note entre

(1) Ces quatre panneaux qui ornaient le salon du château de Choisy sont aujourd'hui au Muséum d'histoire naturelle, dans l'antichambre et le cabinet du directeur (C. Stryienski, *op. cit.*, t. XXX, p. 71-72). — Il est probable que les noms mentionnés par Saint-Aubin désignent les personnes qui avaient prêté à Bachelier des oiseaux pour lui servir de modèles ; « Mme la Marquise » désigne évidemment Mme de Pompadour.

(2) Sur cette note de Saint-Aubin, cf. Diderot : « La *Fable du Cheval et du Loup* est fort bien : le paysage a de la grandeur et de la noblesse ; mais *l'eau* qui s'échappe du pied du rocher, ressemble à de la crème fouettée, à force de vouloir être écumeuse » (t. X, p. 134).

(3) Cette peinture et la suivante font partie de la suite des *Ports de France*, gravés par C.-N. Cochin et J.-Ph. Le Bas ; elles sont aujourd'hui au Musée de Marine. La première représente la *Vue de Bayonne prise à mi-côte sur le glacis de la Citadelle* et l'autre la *Vue de Bayonne prise de l'allée de Boufflers*.

(4) On distingue ce petit détail sur le pont qui se trouve un peu vers la droite, au fond de la composition.

les lignes : « J'ai vu *les Festes basques* aux Italiens le 25 8bre 1761 » (1).

Dans la marge de gauche, de cette *Vue de Bayonne :* trois hommes conversant ; derrière eux, dans un champ clos par une palissade, une chèvre dressée sur ses pattes de derrière, broute les feuilles d'un arbuste (2).

Le bas de la page est rempli par un dessin d'après l'autre *Vue de Bayonne*, de J. VERNET (n° 68).

Page 19. — J. VERNET avait d'autres tableaux mentionnés au livret, sans précision, sous le n° 69 ; mais St-Aubin note en regard : « non vus ».

ROSLIN :

Au bas de la page, empiétant sur le texte, un dessin d'après : la *Réception du roi à l'Hôtel de Ville de Paris, après sa maladie et son retour de Metz* (n° 70). St-Aubin a esquissé le cadre et noté : « Cette bordure pèse, dit-on, 1.400 livres » (3).

Page 20. — ROSLIN (suite) :

A gauche : le *Portrait du Mis de Marigny* (n° 71), dessiné avec son cadre (4).

A droite, dans deux ovales, l'un au-dessus de l'autre : deux croquis numérotés 1 et 2, d'après deux des portraits réunis sans désignation sous le n° 72, et identifiés par St-Aubin : « M. et Mme Boucher, 1 et 2 » (5).

Au milieu des envois de Roslin, sur le texte, petit croquis non identifié.

Aucun dessin pour les envois de DESPORTES le neveu.

(1) Je ne sais à quel spectacle Saint-Aubin a entendu faire allusion ici.

(2) Ce détail se trouve au premier plan, à gauche de la composition ; on le voit d'ailleurs très distinctement sur le dessin de Saint-Aubin à la page précédente.

(3) Pour l'Hôtel de Ville. Disparu en 1793, comme la *Publication de la paix en 1749* de Dumont le Romain (n° 3). Il a été gravé par Malapeau.

(4) Au palais de Versailles. M. Tourneux fait remarquer (éd. DIDEROT, t. X, p. 135, n° 2), que s'il s'agit ici du portrait de Versailles, celui-ci a dû subir une sensible réduction dans sa hauteur.

(5) Le portrait de Boucher est à Versailles également. Il a été gravé par Carmona (morceau de réception) et par L. Bosse. La gravure de Carmona est reproduite dans le 3e article de M. Stryienski (*op. cit.*, t. XXX, p. 71). — Ces deux portraits sont aussi identifiés par Diderot (t. X, p. 136).

Au bas de la page, à gauche : *l'Intérieur de Sainte-Geneviève*, par De Machy (n° 76) (1).

Page 21. — De Machy (suite) :

Marge de gauche : *l'Intérieur d'un temple* (n° 77), dessin au crayon, non repassé à l'encre ; — au-dessous : l'un des deux petits *Tableaux de ruines* (non numéroté au livret) ; il représente, dit St-Aubin, l'« échafaud de St-Nest..... (2) » ; — l'autre *Tableau de ruines* est dessiné en regard, dans la marge de droite, et Saint-Aubin a noté « clair de lune ».

Le troisième dessin de la marge de gauche se réfère au n° 78 et représente, selon le livret, « *une vue du Péristile du Louvre* » ; St-Aubin a corrigé « péristile », en « vestibule », et ajouté : « pris au bas de l'escalier de l'Académie des sciences ».

Drouais :

Marge de droite : les *Portraits de MM. de Béthune jouant avec un chien*, dit le livret (n° 79) ; St-Aubin : « en Espagnols faisant jouer de la mandoline à un chien » (3) ; — au-dessous : le *Portrait d'une demoiselle quittant sa toilette* (n° 81) ; on verra plus loin que c'est une des demoiselles de Verrière ; — le *Portrait d'un des enfants de M. le président Desvieux*, ovale (n° 83).

Marge de gauche : le *Portrait d'une dame jouant de la harpe* (n° 80) ; St-Aubin : « les demoiselles de Vérière » ; ceci se rapporte aux nos 80-81 dessinés en pendant, avec leurs bordures. A propos de ces bordures, St-Aubin remarque : « Ces bordures sont du dessein de M. Doré dont l'épouse peint bien sur le tafetas ».

Entre les lignes du texte, près du n° 83 : croquis du

(1) Au Musée Carnavalet. Le tableau de P. de Machy avait ceci de particulier, dit M. Stryienski, d'avoir été fait avant la construction de l'église, d'aprés les projets de Soufflot. Il appartint à La Live de Jully, et on le trouve décrit à la page 28 du *Catalogue historique* du cabinet de cet amateur (1764).

(2) Lecture douteuse.

(3) La remarque de Saint-Aubin est parfaitement exacte. — Gravé par Beauvarlet. Reproduit dans le 2e article de M. Stryienski (*op. cit.*, t. XXX, p. 73).

Jeune élève (n° 83), avec cette note : « tête lumineuse » (1).

Page 22. — DROUAIS (suite) :

Sous le n° 84, sont groupés plusieurs portraits sans désignation ; St-Aubin en identifie et dessine trois : à gauche « M. de Buffon » ; — ensuite un portrait d'homme, ovale, avec cette note : « manche d'abit retroussée, vielleur » ; — enfin, à droite « Mme de Buffon » (2).

Aucun dessin pour les *Paysages* de JULIART, ni pour les envois de VOIRIOT, dont le *Portrait de M. Hamon* (n° 87) est exposé « sur l'escalier ».

Le bas de la page est rempli par un grand dessin, relevé de lavis, empiétant sur le texte, d'après *Vénus blessée par Diomède*, de DOYEN (n° 90).

Page 23. — DOYEN (suite) :

Pour ce tableau, dont St-Aubin a dessiné une partie du cadre, « la bordure à fond noir est du choix de M. le prince de Turene », à qui appartient la peinture.

Marge de gauche : le *Portrait d'une jeune indienne du royaume de Tangidor* (n° 91), « avec les ornemens de son pays », dit le livret, et St-Aubin ajoute : « come cercles d'or aux bras et aux jambes et aux doits de pieds, chaines d'or, perlles, cinture d'or, etc. » ; — au-dessous : *une Jeune personne lisant une brochure, ayant son chien sur les genoux* (n° 92) et, ajoute St-Aubin, un « panier à ouvrage passé au bras ».

Le bas de la page est occupé par deux dessins repris au lavis : à gauche, *les Charmes de l'Harmonie* représentés par une Vénus ailée qui joue de la harpe (n° 93) ; notes de St-Aubin : « lit à pieds d'or ; parphums ; voir la *Susane* de Rubens » ; — à droite : *l'Espérance qui nourrit l'Amour* (n° 94).

Page 24. — En haut, à gauche : *l'Adoration des rois*, esquisse d'après PARROCEL (n° 95).

(1) Au musée d'Orléans. La tapisserie de Cozette d'après ce tableau fait partie de la collection du comte I. de Camondo. — Sur la remarque de Saint-Aubin — « tête lumineuse » — cf. le passage où Diderot parle de cette peinture : « Il est impossible d'imaginer une mine où il y eût plus de gentillesse, de finesse et de malice... Et puis, *une intelligence de la lumière* tout à fait rare et précieuse... » (t. X, p. 137). — La tapisserie a été reproduite dans le 2e article de M. Stryienski (t. XXX, pl. p. 74).

(2) Diderot identifie également ces deux portraits de M. et de Mme de Buffon (*op. cit.*, t. X, p. 137).

GREUZE :

Marge de gauche : le *Portrait du Dauphin* (n° 96), avec son cadre ; — en regard, à droite, le *Portrait de M. Babuti* (n° 97) (1).

Au bas de la page, empiétant sur le texte, dessin d'après *l'Accordée de village* (n° 100) ; entre les lignes de la description, St-Aubin a noté : « M. de Lécluse, souvenir », et il a récrit plus bas les mesures du tableau cachées par son dessin : « 3 p. 6 ; 2 p. 6 » (2).

Page 25. — GREUZE (suite) :

A droite, en haut : *un Jeune berger qui tente le sort pour savoir s'il est aimé de sa bergère* (n° 101), ovale ; note de St-Aubin : « Je crois qu'il fait pendant à la *Jeune fille tenant une fleurette*, intitulée la *Simplicité*, à Mme Jeoffrin. 1759 » (3).

A gauche : *une Jeune blanchisseuse* (n° 102) ; note de St-Aubin : « d'après Mlle Du lieu » (4) ; — au-dessous, une des *Têtes peintes*, cataloguées sous le n° 104 ; —

(1) Le *Portrait du Dauphin* a disparu. Le *Catalogue de l'Œuvre de Greuze*, par J. MARTIN et CH. MASSON, où il figure sous le n° 1103, ne donne sur ce portrait d'autre renseignement que la citation du présent livret et l'indication du dessin de Saint-Aubin. — Le *Portrait de Babuti*, qui a fait partie de la collection Rodolphe Kann, a été reproduit dans l'ouvrage de M. BODE sur cette collection (*Galerie de tableaux de M. Rodolphe Kann*, 1900) et dans le 3e article de M. C. Stryienski (*op. cit.*, t. XXX, p. 214). Il est classé sous le n° 1055 dans le *Catal. de l'œuvre de Greuze* déjà cité.

(2) Au Musée du Louvre. Gravé maintes fois, notamment par Flipart. Voir l'historique de ce tableau dans le *Catal. de l'œuvre de Greuze*, *op. cit.*, n° 114.

(3) La remarque de Saint-Aubin est exacte. La *Jeune fille interrogeant une fleur ou la Simplicité*, du Salon de 1759, et son pendant le *Jeune garçon soufflant sur une fleur*, du Salon de 1761, font aujourd'hui partie de la collection Morisson. Ils sont catalogués sous les nos 480 et 481 du *Catal. de l'œuvre de Greuze* déjà cité, dont la note de Saint-Aubin complète une lacune : en effet, les auteurs de ce catalogue ne trouvent la première de ces deux œuvres, après les Salons de 1759, que dans la vente du Mis de Marigny (1782) ; Saint-Aubin nous apprend qu'elle orna, entre temps, le salon de Mme Geoffrin. — C'est par erreur que M. Stryienski intitule la peinture du Salon de 1761 : *un Berger qui effeuille une marguerite ;* le livret dit : *un Berger qui tente le sort pour savoir s'il est aimé de sa bergère ;* et ce berger n'effeuille pas une marguerite, mais souffle sur une fleur montée de pissenlit, qu'on nomme communément une « chandelle ». Cf. DIDEROT (*op. cit.*, t. X, p. 143) : « Ce berger qui tient un chardon à la main et qui tente le sort, etc. ».

(4) *La Jeune blanchisseuse ou la Savonneuse*, gravée par Danzel et cataloguée sous le n° 208 de l'œuvre de Greuze, par J. Martin et Ch. Masson, a passé en 1894 à la vente de la comtesse de La Ferronays.

au-dessous, esquisse inachevée d'après *le Paralytique soigné par sa famille* (n° 106) (1).

Marge de droite : la *Tête d'une nymphe de Diane* (n° 103) (2).

Outre ces divers envois, Greuze avait en « plus le jeu de la *Main chaude* », suivant une note au crayon de Saint-Aubin (3).

GUÉRIN :

Plusieurs de ses petits tableaux, rangés sans désignation sous le n° 108, sont dessinés au crayon, dans le texte et dans la marge de droite, mais non reconnaissables ; — un autre, dans la marge de gauche, à l'encre, représente une femme assise sur un lit et lisant, tandis qu'un autre personnage (une servante ?) se tient inclinée à droite.

Le *Crucifix* de ROLAND DE LA PORTE (n° 109) est à peine esquissé en bas, à droite.

Page 26. — ROLAND DE LA PORTE (suite) :

En haut à droite : deux des *Tableaux d'animaux* classés sous le n° 110 ; un lièvre et des canards.

A gauche : *le Passage des âmes du Purgatoire au ciel*, par BRIARD (n° 111).

Au-dessous du texte : deux des bustes de LEMOYNE, décrits pages 27 : à gauche, celui de *Restout* (n° 114), en profil perdu ; à droite celui de *la Marquise de Pompadour* (n° 112), de profil.

(1) Le tableau du *Paralytique servi par ses enfants* est aujourd'hui au musée de l'Ermitage ; il en existe plusieurs dessins préparatoires, et l'un d'eux, à l'encre de Chine rehaussée de sépia, est signé et daté 1760 ; c'est probablement celui du Salon de 1761 (voir *Catal. de l'œuvre de Greuze*, etc., n° 186).

(2) Cette *Tête de nymphe de Diane* est cataloguée deux fois sous le nom de *Diane* par MM. J. Martin et Ch. Masson (*op. cit.*, n° 416 et 524), qui ne mentionnent pas sa présence au Salon de 1761. Or, du dessin de Saint-Aubin, il appert clairement que cette peinture est celle-là même que le graveur Wille acheta et qu'il décrit en ces termes dans son *Journal* : « Le 17 [juillet 1760], Greuze m'a livré un buste de femme, grandeur naturelle, admirablement bien dans toutes les parties qui concernent la peinture. Cette tête est presque de profil, d'un regard et d'un port majestueux. Les cheveux tombent négligemment vers les deux épaules ; un ruban rouge les entoure au derrière de la tête. Le corselet est rouge et les manches sont jaunes ; une espèce de collier de mousseline rayée de rouge et noué en croix sur la gorge fait son habillement. Je suis enchanté de ce morceau » (*Journal* de Wille, t. I, p. 139). — Cette peinture, dont Wille avait parlé dès le 11 juin 1759 (t. I, p. 114), a été gravée par Gaillard.

(3) Ce dessin est catalogué sans mention de Salon, par J. Martin et Ch. Masson, n° 314, où l'on trouvera les diverses ventes auxquelles il figura de 1772 à 1875.

SCULPTURES

Page 27. — LEMOYNE (1) :

En haut, à gauche, *Mme de Pompadour*, de trois-quarts (n° 112), avec ces vers de St-Aubin :

« A cet air noble, à cet éclat
Qui conduit le chef de l'État,
On peut assurer qu'elle est reine
A la puissance souveraine (2). »

A côté du buste de *Mme de Pompadour*, celui d'une *Jeune fille* (n° 115).

En regard : le buste de *Crébillon* (n° 113), de profil (3); — le même est redessiné dans la marge de gauche, sous un autre angle ; — dans cette même marge, au-dessous du *Crébillon*, le buste de *Restout* (n° 114), de profil ; — en regard : le buste de *Mlle Clairon sous l'idée de Melpomène invoquant Apollon* (n° 116) ; « marbre », a noté St-Aubin, qui ajoute : « Placé le 5 septembre 1761, à elle doné par M. Bouret » (4).

Page 28. — FALCONET :

En haut, à gauche : la tête de marbre portant le n° 117, qui est, d'après St-Aubin, le portrait « de *M. Fal-*

(1) On a souvent cité la boutade sévère de Diderot à propos des envois de Lemoyne : « Par Le Moyne, le buste de *Mme de Pompadour*, rien ; celui de *Mlle Clairon*, rien ; d'une *Jeune fille*, rien. Ceux de *Crébillon* et de *Restout* valent mieux » (*op. cit.*, t. X, p. 145).

(2) M. G. Brière, qui a bien voulu me communiquer ses notes sur les sculptures du Salon de 1761 — ce dont je lui exprime ici tous mes remerciements —, a eu l'occasion de faire à propos de ce buste de Mme de Pompadour, qui est à retrouver, une constatation intéressante : le croquis de Saint-Aubin, me dit-il, permet de rejeter l'identification proposée d'un buste de femme par Lemoyne, venu de la collection La Béraudière dans celle de M. le Cte de Greffulhe, signé et daté de 1756, et qui passe depuis le catalogue de la vente La Béraudière pour représenter la Marquise de Pompadour (voir *Bullet. soc. hist. de l'art français*, 1907, p. 91, note).

(3) Il existe une gravure d'Augustin de Saint-Aubin d'après ce buste de *Crébillon* de Lemoyne, aujourd'hui disparu. — Dans la vente de la collection P. Decourcelle (mai 1911), se trouve sous le n° 193 du catalogue (pl. en regard), un buste en plâtre de Crébillon qui provient de l'atelier de Lemoyne et qui est du même type que le buste du Salon de 1761. En outre, M. G. Brière me signale que le buste de Crébillon, en marbre, par d'Huez, aujourd'hui au Théâtre-Français, est exécuté d'après le modèle de J.-B. Lemoyne, avec addition de draperies.

(4) Le marbre et la terre cuite de ce buste appartiennent aujourd'hui à la Comédie-Française ; reproduit dans le 3e article de M. C. Stryienski (t. XXX, p. 218). Voir *Mlle Clairon*, par E. DE GONCOURT, p. 492. — Bouret, fermier général, mort en 1777.

conet, médecin du roi » (1). Pour le n° 118 — une figure en plâtre représentant *la Douce mélancolie* — St-Aubin a noté : « non vue au Sallon »; de même, il a noté pour le n° 120 — *une Petite fille qui cache l'arc de l'Amour*, non dessinée — : « non vue au Sallon, mais exécutée à Sève » (2).

Marge de gauche : esquisses des deux groupes de femmes (n° 119) devant être exécutés en argent et orner des chandeliers.

Au-dessous des deux groupes de femmes de FALCONET : deux dessins, l'un au crayon et l'autre repris à l'encre de la *Nymphe sortant de l'eau*, de VASSÉ (n° 121); — une troisième esquisse du même sujet se trouve en regard, à droite (3).

Page 29. — VASSÉ (suite) :

Au haut de la page : dessin d'après la *Nymphe qui dort* (une des deux figures désignées sous le n° 122) vue de face; — puis deux bustes — dont celui du *P. Le Cointe* — un vase (n° 127), et la *Nymphe qui se regarde dans l'eau* (n° 122) (4).

Marge de gauche : esquisse de la *Nymphe qui dort*, vue de profil : — puis, une seconde fois le buste du *P. Le Cointe* (n° 124), « de la suite des homes illustres de Troy en Champagne », ajoute St-Aubin (5).

Au-dessous : un buste de femme (n° 126) qui est celui de « *Mlle Victoire* », d'après St-Aubin; détail du piédestal (6).

(1) Cet exemplaire en marbre est aujourd'hui au Musée d'Angers. Le croquis de Saint-Aubin est parfait d'exactitude, de l'avis de M. G. Brière, qui a consacré une étude aux divers bustes de Camille Falconet (type chauve et type à perruque), par l'artiste du même nom. Voir *Bullet. de la Soc. d'hist. de l'art fr.*, 1907, p. 87-92.

(2) Catalogué comme une *Petite fille en Psyché*, pendant de *l'Amour Falconet*, à la date de 1761, dans *le Biscuit de Sèvres au XVIIIe s.*, de E. BOURGEOIS (t. II, p. 9).

(3) Le livret indique que ce modèle doit être exécuté en marbre et faire partie de la décoration du salon de M. le duc de Chevreuse à Dampierre. La statue se trouve toujours dans ce château.

(4) Ces sculptures, qui semblent posées sur une table, ont été dessinées par Saint-Aubin suivant l'arrangement même du Salon. Peut-être existent-elles encore au château de Navarre, près d'Évreux (Note de M. Brière).

(5) Au Musée de Troyes. — Sur cette « suite » de bustes, voir J. PIERRE, *Hist. véridique, etc., de cinq bustes en marbre offerts à la ville de Troyes par Grosley et exécutés par Cl.-Ant. Vassé* (1902); le buste du P. Le Cointe est reproduit dans cette étude et dans le 3e article de M. Stryienski (*op. cit.*, t. XXX, p. 219).

(6) Sans doute, Mme Victoire, fille de Louis XV.

Marge de droite : le médaillon du roi (n° 123), « pour la cheminée de l'Hôtel de Ville de Paris », d'après St-Aubin.

La vase, dessiné au haut de la page, est esquissé de nouveau au milieu du texte (n° 127).

Au bas de la page : troisième dessin d'après la *Nymphe qui dort* (n° 122), vue de trois-quarts.

Page 30. — CHALLES :

Dans la marge supérieure : *Turenne enfant endormi sur l'affut d'un canon* (n° 129) (1); — à gauche : *le Berger Phorbas sauvant Œdipe enfant sur le Mont Cythéron* (n° 130) (2) ; — au-dessous : *Mercure portant Bacchus nouveau-né aux Corybantes* (n° 131).

Le dessin qui se trouve dans l'angle supérieur droit me paraît être un détail du bras droit et de la main de *la Jeune indienne*, de DOYEN (n° 91), dessinée dans la marge gauche de la page 23.

Page 31. — CAFFIERI :

A gauche : le buste de *Rameau* (n° 133), « buste en marbre », suivant St-Aubin (3). — En regard, une statue de femme non mentionnée au livret et désignée par Saint-Aubin comme étant : « *la Sibile Eritrée* en marbre du cabinet de M. de La Live ». Sur le socle, St-Aubin a écrit « Caffieri » (2).

(1) La terre cuite de *Turenne enfant* appartenait à La Live de Jully; elle est décrite dans le *Catal. hist.* du cabinet de cet amateur (1764, in-4°, p. 73) et passa à sa vente en 1770 (n° 196 du catal.).

(2) Même remarque pour la terre cuite du *Berger Faustus* (sic) *détachant Œdipe de dessus l'arbre où il était exposé: Catal. hist.*, p. 74, et Catal. de la Vente La Live de Jully, n° 198.

(3) Le buste de Rameau par J.-J. Caffieri a été détruit dans l'incendie de l'Opéra de la rue Le Peletier. Le plâtre de ce buste est aujourd'hui à la bibliothèque Sainte-Geneviève, à laquelle il a été donné par l'artiste lui-même. (J.-J GUIFFREY, *les Caffieri*, pp. 190 et ss).

(4) Cette *Sibylle* est en effet décrite à la page 106 du *Catalogue du Cabinet historique* de La Live de Jully (Paris, 1764, in-4°). Elle passa en 1770 à la vente des collections de cet amateur (n° 156 du catalogue). Dans son ouvrage sur *les Caffieri* (p. 193), M. J.-J. GUIFFREY écrit que le catalogue de la vente La Live de Jully est le seul ouvrage où cette *Sibylle* se trouve mentionnée ; et, comme aucun livret de Salon ne la signale, M. Guiffrey l'a classée, dans l'œuvre de J.-J. Caffieri, au Salon de 1763 (p. 499); on voit que la note de Saint-Aubin a son intérêt et son utilité.

PAJOU :

La Paix portée au livret sous le n° 134 : « non vue au Sallon »; et au-dessous de la désignation, ces mots biffés : « pas encore le 16 7bre 1761 » (1).

Marge de gauche : *Pluton* (n° 135); note de St-Aubin : « la queue de Cerbère finit par une tête de serpent » (2); — au-dessous : une figure de *Fleuve* (n° 136).

Marge de droite, au-dessous de la *Sibylle Érythrée : Saint-Augustin* pour les Invalides (n° 137); — *un Ange* (n° 138), bénitier pour Saint-Louis de Versailles.

Page 32. — MIGNOT :

Entre les lignes et dans la marge de gauche, quatre aspects de la *Femme qui dort* (n° 143).

D'HUEZ :

Marge de droite : *l'Amour lançant ses traits* (n° 145) (3).

GRAVURES

Page 33. — L. CARS :

En haut, à gauche : *le Sacrifice d'Iphigénie*, et à droite *Hercule combat Cacus*, d'après Le Moyne (n° 147).

Dans la marge de droite : esquisse d'une vignette pour le *Catalogue des chevaliers du Saint-Esprit*, d'après Boucher (n° 147).

COCHIN :

En bas : *Lycurgue blessé dans une sédition*, dessin (n° 148); croquis à l'encre à gauche et détail de la partie droite, à droite (4).

(1) Cette figure appartenait à La Live de Jully; elle est décrite au *Catalogue hist.* du cabinet de cet amateur (1764, in-4°, p. 107) et figura à sa vente (1770, n° 216 du Catal.).

(2) Morceau de réception du sculpteur, aujourd'hui au Louvre.

(3) Saint-Aubin n'a dessiné ni les envois de Dumont, ni parmi ceux de d'Huez, le *Saint André en action de grâces* (n° 144), morceau de réception de l'artiste, dont le marbre, exposé au Salon de 1763, est au Musée du Louvre. *L'Amour lançant ses traits* est très peu visible sur cette reproduction, à cause de la déformation de la marge intérieure, le volume relié étant impossible à ouvrir comme il faudrait.

(4) Morceau de réception de l'artiste, aujourd'hui au Louvre. Voir *Invent. général des dessins conservés aux musées du Louvre et de Versailles*, par Jean GUIFFREY et Pierre MARCEL, t. II, n° 2276 (reproduit sur la pl. en regard).

Page 34. — Esquisses au crayon minuscules et à peine distinctes d'après les quatre premières estampes de la suite des *Ports de France*, gravés par LE BAS d'après J. Vernet (n° 151), deux à gauche et deux à droite. Au-dessous de la dernière de gauche, St-Aubin a écrit : « *Toullon* »; et entre les lignes, à côté de celle du dessus, dans la même marge : *P[ort] de Cette*; *la Madrague ou la pêche du thon, Vue du golphe de Bandol* ». De même il a écrit sur les deux croquis de droite, « *Marseille* » et « *le Havre* ».

Pas de dessins pour SURUGUES père et fils, et MOYREAU.

Page 35. — Pas de dessins pour les envois de WILLE, ROETTIERS le fils, FESSARD et LEMPEREUR. Une petite note au crayon, à propos des médailles de l'histoire du roi, par ROETTIERS (n° 154) : « *Hôtel de ville de Rouen* ».

Page 36. — Envois de MOITTE. — Pas de dessin.

EXPLICATION
DES PEINTURES, SCULPTURES, ET GRAVURES
DE MESSIEURS
DE L'ACADEMIE ROYALE,

Dont l'Exposition a été ordonnée, suivant l'intention de SA MAJESTE', par M. le Marquis DE MARIGNY, Commandeur des Ordres du Roi, Directeur & Ordonnateur Général de ses Bâtimens, Jardins, Arts, Académies & Manufactures Royales : dans le grand Salon du Louvre, pour l'année 1761. ouvert le 25 aoust et fermé le 4 octobre.

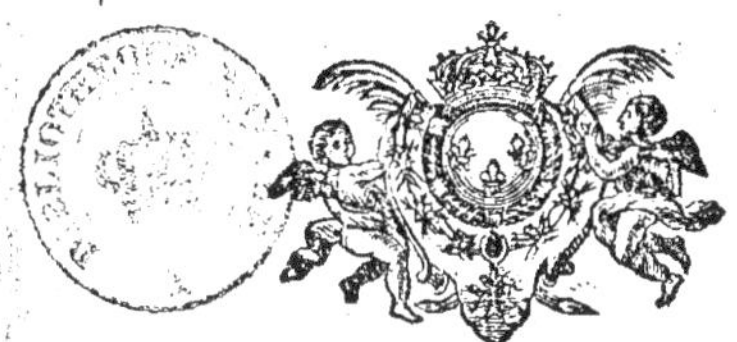

A PARIS, RUE S. JACQUES.
De l'Imprimerie de J. J. E. COLLOMBAT, I. Imprimeur du Roy, des Cabinet & Maison de SA MAJESTE', & de l'Académie Royale de Peinture, &c.

M. DCC. LXI.
AVEC PRIVILEGE DU ROY.

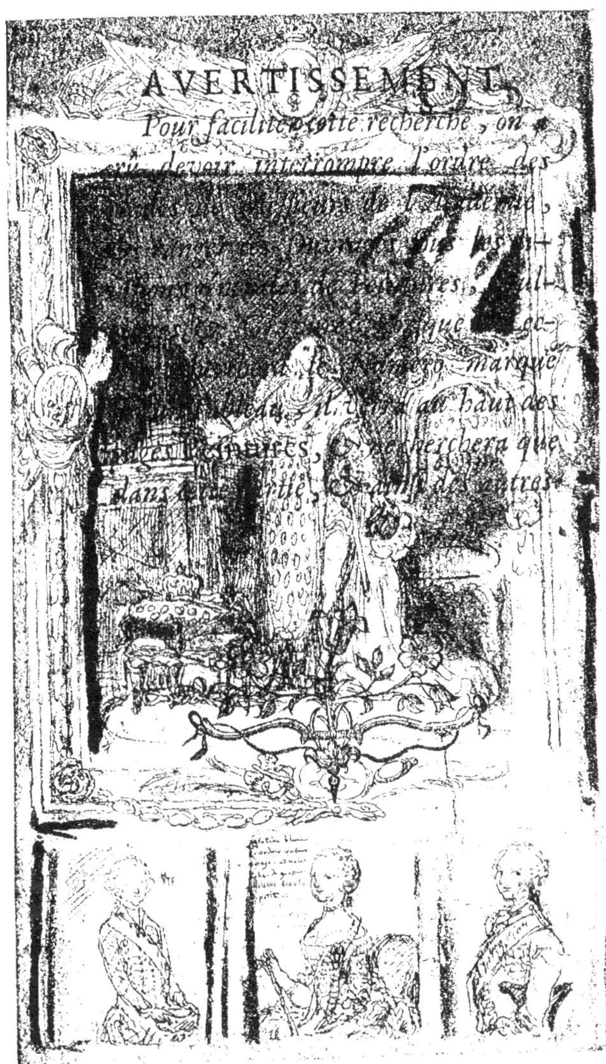

EXPLICATION
DES
PEINTURES, SCULPTURES,

Et autres Ouvrages de Messieurs de l'Académie Royale, qui seront exposés dans le Salon du Louvre.

PEINTURES.

OFFICIERS.

ANCIENS RECTEURS.

M. LOUIS-MICHEL VANLO, *Ecuyer, Chevalier de l'Ordre du Roi, Premier Peintre du Roi d'Espagne, Ancien Recteur.*

N°. 1. 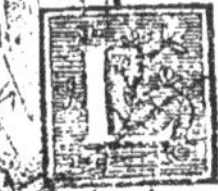LE Portrait du Roi.

Tableau de 8 pieds de hauteur sur 6 pieds de largeur.

2. Plusieurs Portraits, sous le même N°.

RECTEURS.

Par M. DUMONT LE ROMAIN, *Recteur.*

3. Un Tableau Allégorique, repréſentant la publication de la paix, en 1749.

La Paix deſcendue du Ciel vient de donner le Rameau d'Olivier au Roi ; elle tient par la main ce Monarque dont elle eſt chérie. Le Roi préſente le Rameau à la ville de Paris, qui le reçoit avec reſpect, joie & gratitude : elle eſt accompagnée de M. le Prévôt des Marchands, & de MM. les Echevins. La généroſité placée auprès du Roi, répand ſes bienfaits. Le Génie de la France, armé de ſon Ecuſſon & de ſon Epée, pourſuit la Diſcorde terraſſée ſous les pieds du Roi. Le Fleuve de la Seine & la Marne, témoignent leur ſurpriſe & leur ſatisfaction. Dans le fond, le peuple léve les mains au Ciel en ſigne de joie & de reconnoiſſance.

Ce Tableau doit être placé dans la Grande Salle de l'Hôtel de Ville. Il a quatorze pieds de large sur dix de haut.

Par M. CARLE VANLOO, *Recteur, Ecuyer, Chevalier de l'Ordre du Roi, Directeur de l'Ecole Royale des Eléves protégés.*

4. La Magdeleine dans le Désert.

Ce Tableau doit être placé dans l'Eglise de S. Louis du Louvre, il a huit pieds de haut sur cinq de large.

5. Un Tableau représentant une Lecture.

Il a cinq pieds de haut sur quatre de large.

6. Une offrande à l'Amour.

Tableau de cinq pieds de haut sur trois de large.

7. L'Amour menaçant.

Tableau d'environ trois pieds sur deux & demi.

8. Deux Tableaux représentant des jeux d'enfans.

Par M. BOUCHER, *Recteur.*

9. Pastorales & Paysages, sous le même Numero.

ADJOINTS A RECTEURS.

Par M. JEAURAT, *Adjoint à Recteur.*

10. Songe de S. Joseph.

Ce Tableau de neuf pieds de hauteur sur six de largeur, doit être placé dans l'Eglise de S. Louis, à Versailles.

PROFESSEURS.

Par M. PIERRE, *Ecuyer, Premier Peintre de M. le Duc d'Orléans. Professeur.*

11. Jesus-Christ descendu de la Croix.

Tableau de dix-huit pieds de haut sur dix de large.

12. La Fuite en Egypte.

Tableau de cinq pieds de haut sur quatre de large.

13. La Décolation de S. Jean-Baptiste.

Tableau de trois pieds de haut sur quatre de large.

14. Le Jugement de Paris.

Ce Tableau appartient au Roi de Prusse. Il a vingt un pieds de large sur quatorze pieds de haut.

Par M. NATTIER, *Professeur.*

15. Le Portrait de feue Madame Infante, en habit de Chasse.

Tableau de cinq pieds sur quatre.

Par M. HALLE', *Professeur.*

16. Les Génies de la Poësie, de l'Histoire, de la Physique & de l'Astronomie.

Ce Tableau est au Roi, & est destiné à être exécuté en tapisserie dans la Manufacture des Gobelins. Il a dix pieds en quarré.

17. S. Vincent de Paule, prêchant.

Tableau de onze pieds de haut sur six de large.

18. Deux petits Tableaux représentans des Pastorales.

19. Autre, en ovale, représentant une Dame qui dessine à l'encre de la Chine.

20. Un petit Tableau, d'une femme qui amuse son enfant avec un moulin à vent.

21. Autre, représentant une Sainte Famille.

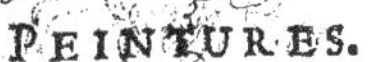

PEINTURES.

Par M. VIEN, *Professeur.*

22. Zéphire & Flore.

Tableau de [illegible] pieds de largeur sur [illegible] pieds quatre [illegible] hauteur.

23. Saint Germain, donne une médaille à Sainte Geneviéve.

Ce Tableau de onze pieds de hauteur sur six de largeur, doit être placé dans l'Eglise de S. Louis, à Versailles.

24. L'Amour & Psyché.

25. La Musique.

Ces deux Tableaux ont chacun cinq pieds sur quatre.

26. [illegible]e jeune Grecque, qui orne un vase [illegible] bronze, avec une guirlande de [illegible]eurs.

Tableau de deux pieds neuf pouces de haut sur deux pieds de large.

27. La Déesse Hébé.

28. Plusieurs Tableaux, sous le même Numero.

ADJOINTS A PROFESSEUR.

Par M. DESHAYS, *Adjoint à Professeur.*

29. Saint-André amené par des Bourreaux,

pour être attaché sur un chevalet & y être fouetté.

Tableau de quatorze pieds de haut sur six de large.

30. Saint Victor, jeune Capitaine Romain, est amené les mains liées devant le Tribunal du Prêteur, en présence des Prêtres des faux Dieux, & le Sacrifice préparé : le Saint renverse l'Idole ; il est saisi par les Soldats & condamné au Martyre.

Tableau de dix pieds de haut sur six de large.

31. Saint Pierre délivré de la prison.

Tableau de onze pieds de haut sur six de large. pour St louis de versaille

32. Saint Benoît près de mourir, vient recevoir le Viatique à l'Autel.

Tableau de huit pieds de haut sur six de large.

33. Deux petits Tableaux représentant des Caravannes.

34. Sainte Anne, ~~faisant lire~~ instruisant la Sainte Vierge.

35. Plusieurs Tableaux & Esquisses, sous le même Numero.

Par M. AMEDE'E VANLOO, *Peintre du Roi de Prusse, Adjoint à Professeur.*

36. Le Baptême de Jesus-Christ.

Ce Tableau doit être placé dans l'Eglise de S. Louis à Versailles. Il a onze pieds cinq pouces de hauteur sur sept pieds quatre pouces de largeur.

37. La Guérison miraculeuse de S. Roch.

Tableau de huit pieds de haut sur cinq de large.

38. Deux Tableaux de même grandeur représentant des Satyres.

Ces deux Tableaux ont chacun quatre pieds six pouces de hauteur sur trois pieds six pouces de large.

Par M. CHALLE, *Professeur pour la Perspective.*

39. Cléopâtre expirante par la morsure d'un aspic qu'elle s'étoit fait apporter secrètement dans un Panier de Fruits.

Tableau de cinq pieds dix pouces de hauteur sur cinq pieds de largeur.

40. Socrate condamné par les Athéniens à boire la ciguë, la reçoit avec indifférence, tandis que ses Amis & ses Disciples cédent à la plus vive douleur.

Tableau de 18 pieds de large sur 6 pieds 6 pouces de haut.

41. Un Païsage dans le genre héroïque, où l'on voit un Guerrier, qui raconte ses Avantures à ses Compagnons.

Ce Tableau a 4 pieds 6 pouces de haut sur 3 pieds 6 pouces de large.

CONSEILLERS.

Par M. CH[illegible], Conseiller & *Trésorier de l'Académie.*

42. Le *Benedicite* [illegible]

Répétition du [illegible] qui est au Cabinet du Roi, ma[illegible] changemens; il appartient à M. [illegible]

43. Plusieurs Tableaux d'Animaux.

Ils appartiennent à M. Aved, Conseiller de l'Académie.

44. Un Tableau représentant des Vanneaux.

Il appartient à M. Silvestre, Maître à dessiner du Roi.

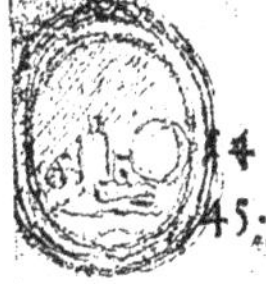

45. Deux Tableaux de forme ovale.

Ils appartiennent à M. Roettiers, Orféyre du Roi.

46. Autres Tableaux, de même genre, sous le même numero.

Par M. DE LA TOUR, Conseiller.

47. Plusieurs Tableaux en Pastel, sous le même numero.

ACADEMICIENS.

Par M. FRANCISQUE MILLET, *Académicien.*

48. Saint Roch visite les Hôpitaux, & guérit les malades en les touchant.

Ce Tableau doit être placé dans la nouvelle Eglise de Saint Louis à Versailles. Il a 8 pieds 6 pouces de haut sur 4 pieds de large.

49. Un Tableau représentant un Rocher percé & le Repos de la Vierge.

Il a 4 pieds de large sur 3 pieds de haut.

50. Deux petits Tableaux de Paisages ornés de figures.

Par M. BOIZOT, *Académicien.*

51. Telemaque accompagné de Minerve sous la figure de Mentor, raconte ses Avantures à la Nymphe Calypso.

Tableau d'environ 3 pieds de large sur 2 pieds 6 pouces de haut.

Par M. LENFANT, *Académicien.*

52. Plusieurs Desseins sous le même numero, deux desquels représentent; l'un la Bataille de Fontenoy; & l'autre celle de Lawfeldt.

Par M. Antoine LE BEL, *Académicien.*

53. Un Tableau représentant le Soleil couchant.

Tableau de 4 pieds 4 pouces de large sur 3 pieds 6 pouces de haut.

54. Une petite Chapelle sur le chemin de Conflans.

Tableau de 3 pieds 3 pouces de hauteur sur 2 pieds 8 pouces de largeur.

55. L'intérieur d'une Cour de Village.

Par M. OUDRY, *Académicien.*

56. Un retour de Chaſſe.

Tabeau de 4 pieds ſur 3.

57. Un Chat ſauvage pris au piége.

Tableau de 3 pieds de large ſur 2 pieds 6 pouces de haut.

Par M. BACHELIER, *Académicien.*

58. Les Amuſemens de l'Enfance.

Ce Tableau eſt au Roi, & eſt deſtiné à être exécuté en tapiſſerie dans la Manufacture des Gobelins, il a 20 pieds de longueur ſur 10 de hauteur.

59. La fin tragique de Milon de Crotone.

Tableau de 9 pieds de haut ſur 6 de large.

Les quatre parties du Monde repréſentées par les oiſeaux qu'elles produiſent.

60. L'Europe où l'on voit le Coq, l'Outarde, le Heron, le Coq-faiſan, & quelques Canards.

61. L'Aſie caractériſée par le Faiſan de la Chine, le Cazoard, le Paon, le Huppé, l'Oiſeau Royal, & l'Oiſeau de Paradis.

62. L'Afrique présente la Pintade, la Demoiselle de Numidie, le Geay d'Angola, & l'Oiseau, dit la Palette.

63. L'Amérique est désignée par le Roi des Couroumoux, le Katacoi, l'Ara, le Courly, la Poule Sultanne, & le Coq de Roche.

Ces Tableaux sont au Roi, & décorent le Salon de Choisy; ils ont environ 4 pieds en tous sens.

64. La Fable du Cheval & du Loup.

Tableau de 3 pieds sur 2.

65. Un Chat Angola qui guette un oiseau.

Tableau de 2 pieds sur 18 pouces.

66. Une Descente de Croix, Esquisse en grisaille.

Par M. VERNET, Académicien.

67. Vûe de Bayonne, prise à mi-côte sur le Glacis de la Citadelle.

On y voit la réunion des Rivieres de l'Adour & de la Nive. L'Auteur y a exprimé la différence qu'on voit quelquefois entre leurs eaux. L'Adour est traversée par un grand Pont de bois, nommé le Pont du S. Esprit, du nom du Fauxbourg auquel il con-

duit. La Nive a auſſi deux Ponts de bois : le plus proche eſt le Pont de Mayou, & celui qui eſt dans le lointain le Pont de Panecau. On voit au bord de la Riviere du côté de la Ville, où ſont rangés des vaiſſeaux, une partie de l'allée marine. Les Bâtimens couverts de toîts uniformes qui paroiſſent ſur le devant du Tableau, ſont des Magaſins pour ſerrer du vin, & le chemin qui paſſe devant eſt celui qui conduit à la Barre. Les figures qui ornent le devant du Tableau ſont des Baſques, Baſquoiſes & autres femmes du Pays. L'heure du jour eſt au coucher du Soleil. La Marée eſt baſſe.

68. Autre vûe de Bayonne, priſe de l'allée de Boufflers près la porte de Mouſſerole.

On voit la Citadelle, la Porte Royale, le Fauxbourg & le Pont du Saint-Eſprit. On découvre juſqu'à Blancpignon & aux Dunes où eſt la Baliſe pour les ſignaux. Les figures ſont des Baſques coeffés d'un Barret ou eſpéce de Toque, des Baſquoiſes qui ont ſur la tête un mouchoir, des Eſpagnols & des Eſpagnolles de différens lieux voiſins de Bayonne. Le Matelot debout, qui tient une rame

est un Tillolier, & les femmes à qui il parle des Tillolieres, nom qu'ils prennent d'une espéce particuliere de bateaux, dont quelques-uns sont représentés dans le Tableau, ainsi que plusieurs autres, comme Chalibardons, Bateaux de Dax, &c. On s'est attaché à y représenter tout ce qui peut caractériser le Pays & ses usages, comme le Jeu de la Troupiole, qui consiste à se jetter une cruche, jusqu'à ce que, tombée à terre, elle se casse. Une Cacolette, ou deux Femmes sur un cheval; un Carrosse à bœufs, tel qu'on s'en sert pour la campagne, &c. L'heure du jour est aussi le coucher du Soleil; la Marée est basse.

Ces deux Tableaux appartiennent au Roi, & sont de la suite des Ports de France, exécutée sous les ordres de M. le Marquis de Marigny.

69. Plusieurs Tableaux sous le même numero.

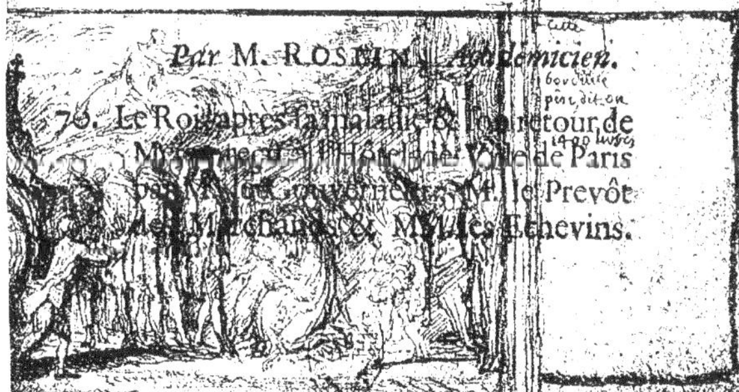

Par M. ROSLIN, *Académicien.*

70. Le Roi après sa maladie & son retour de Metz, reçu à l'Hôtel de Ville de Paris par M. le Gouverneur, M. le Prevôt des Marchands & MM. les Echevins.

Ce Tableau doit être placé dans la grande Salle de l'Hôtel-de-Ville. Il a 14 pieds de large sur 10 de haut.

71. Le Portrait de M. le Marquis de Marigny.

Tableau de 4 pieds 9 pouces de haut sur 3 pieds 6 pouces de large.

72. Plusieurs Portraits sous le même numero.

Par M. DESPORTES le neveu, *Académicien.*

73. Un Chien blanc prêt à se jetter sur un Chat qui dérobe du Gibier.

Tableau de 4 pieds sur 3.

74. Deux Déjeûners.

Tableaux quarrés de 2 pieds 10 pouces chacun.

75. Autres représentans du Gibier & des fruits.

Par M. DE MACHY, *Académicien.*

76. L'intérieur de la nouvelle Eglise de Sainte Geneviéve, d'après les projets de M. Soufflot.

Tiré du Cabinet des Peintres François, appartenant à M. de la Live de Jully. Il a 5 pieds de haut sur 4 pieds de large.

77. L'intérieur d'un Temple.

Tableau de 7 pieds de haut sur 5 de large.

Deux petits Tableaux représentans des ruines d'Architecture.

Du Cabinet de M. Dazincourt.

78. Un Dessein représentant une vûe du Peristile du Louvre.

Il a 19 pouces de haut sur 13 de large.

Par M. DROUAIS, le Fils, *Académicien.*

79. Les Portraits de MM. de Bethune jouants avec un chien.

Tableau de 4 pieds de large sur 3 de haut.

80. Le Portrait d'une Dame jouant de la Harpe.

Tableau de 3 pieds 6 pouces de haut [illegible] pieds 9 pouces de large.

81. Le Portrait d'une Demoiselle qui [illegible] sa Toilette.

82. Le Portrait d'un des enfans de M. le Président Desvieux.

Tableau ovale.

83. Un jeune Eléve.

Ce Tableau est tiré du Cabinet de M. le Marquis de Marigny.

84. Plu[illegible] Portraits par le même Au[illegible] teu[illegible] [illegible]us le même numero.

Par M. JULIART, *Académicien.*

85. Plusieurs Tableaux de Paisages sous le même numero.

Par M. VOIRIOT, *Académicien.*

86. Le Portrait de M. Gilbert de Voisins, Conseiller d'Etat ordinaire au Conseil du Roi.

87. M. Hazon, Architecte du Roi, Intendant & Contrôleur de ses Bâtimens à Choisy.

En Pastel.

88. M. le Paute, Horloger du Roi.

89. Autres Portraits, sous le même numero.

Par M. DOY[illegible], *Aca[illegible]micien.*

9[illegible]. Venus blessée par Diomede.

Sujet tiré du Cinqu[illegible] livre de l'Iliade. [illegible]née, fils de [illegible] alloit tomber au pouvoir de Di[illegible]de son Vainqueur, [illegible] sa mere ne [illegible] secouru. Diom[illegible] furieu[illegible] perdre sa proie [illegible]

conseil de Minerve qui le protége; de sa lance il blesse Venus à la main, & insulte à cette Déesse qu'Iris vient retirer de la mêlée. Apollon sauve Enée en le couvrant d'un nuage & de son bouclier. Le fleuve Scamandre est épouvanté de l'audace de Dioméde, & ses Nymphes effrayées se cachent dans les roseaux.

Ce Tableau appartient à M. le Prince de Turenne. Il a 15 pieds 9 pouces de largeur sur 14 de hauteur.

91. Le Portrait d'une jeune femme Indienne du Royaume de Tangiaor, dans le Costume, & avec les ornemens de son Pays.

Ce Tableau est à M. le Prince de Turenne.

92. Une jeune Personne occupée à lire une Brochure, ayant son chien sur ses genoux.

93. Les charmes de l'harmonie, représentés par une Venus aîlée qui joue de la harpe.

94. L'Espérance qui nourrit l'Amour. Ces deux figures sont caractérisées par leurs attributs.

AGRÉÉS.

Par M. PAROCEL, *Agréé.*

95. L'Adoration des Rois.

Tableau de 8 pieds 9 pouces.

Par M. GREUZE, *Agréé.*

96. Le Portrait de Monſeigneur le Dauphin.

Buſte de 2 pieds de haut ſur un pied [illegible] pouces de large.

97. Le Portrait de M. Babuti.
98. Le Portrait de M. Greuze, peint par lui-même.
99. Le Portrait de Madame Greuze en Veſtale.

Ces trois Tableaux ſont de même grandeur. Ils ont 2 pieds de haut ſur 1 pied & demi de large.

100. Un Mariage, & l'inſtant où le pere de l'Accordée délivre la dot à ſon Gendre.

Ce Tableau appartient à M. le Marquis de Marigny [illegible] pouces de large ſur [illegible] pieds 6 pouces [illegible]ut.

101. Un jeune Berger qui tente le sort pour sçavoir s'il est aimé de sa Bergere.

Tableau ovale, haut de 2 pieds.

102. Une jeune Blanchisseuse.

Tableau d'un pied six pouces sur un pied de large.

103. Une Tête d'une Nymphe de Diane.

104. Plusieurs Têtes peintes, sous le même numero.

105. Un Dessein représentant des enfans qui dérobent des Marons.

106. Autre Dessein d'un Paralytique soigné par sa famille, ou le fruit de la bonne éducation.

107. Autre, un Fermier brûlé, demandant l'aumône avec sa famille.

Par M. GUERIN, *Agréé.*

108. Plusieurs petits Tableaux, sous le même Numero.

Par M. ROLAND DE LA PORTE, *Agréé.*

109. Un Tableau représentant un Crucifix de bronze.

Tableau de trois pieds huit pouces de hauteur sur un pied dix pouces de largeur.

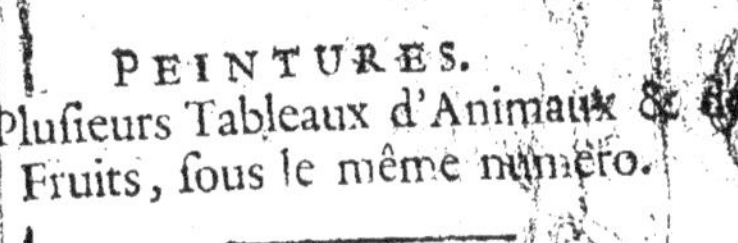

110. Plusieurs Tableaux d'Animaux & de Fruits, sous le même numero.

Par M. BRIARD, *Agréé.*

111. Le passage des ames du Purgatoire au Ciel.

Tableau de vingt-trois pieds de hauteur sur douze pieds de largeur.

SCULPTURES.

OFFICIERS.

ADJOINTS A RECTEUR.

Par M. LE MOYNE, *Adjoint à Recteur.*

112. Madame la Marquise de Pompadour.

Buste en Marbre.

113. Le Portrait de M. Crébillon.

Buste en terre cuite.

114. Le Portrait de M. Restout, Directeur de l'Académie.

Buste en terre cuite.

115. Le Portrait d'une jeune Fille.

116. Le Portrait de Mademoiselle Clairon, sous l'idée de Melpomene invoquant Apollon.

Buste en Marbre.

PROFESSEUR.

Par M. FALCONET, *Professeur.*

117. Une Tête, Portrait en marbre de grandeur naturelle.

118. Une Figure en plâtre, représentant la douce mélancolie.

Elle a deux pieds six pouces de haut, & sera exécutée en marbre, pour M. de la Live de Jully.

119. Deux Grouppes de femmes en plâtre. Ce sont des Chandeliers pour être exécutés en argent.

Ils ont deux pieds six pouces de haut chacun.

120. Une Esquisse, en plâtre, représentant une petite fille qui cache l'Arc de l'Amour.

Elle a environ dix pouces de hauteur, & fait pendant à la figure de l'Amour, en marbre, qui a été exposée aux Sallons précédens, par le même Auteur.

Par M. VASSE', *Professeur.*

121. Une Nimphe sortant de l'eau, & l'exprimant de ses cheveux.

Ce modele de cinq pieds deux pouces de pro-

portion doit être exécuté en marbre, & faire partie de la décoration du Sallon de M. le Duc de Chevreuse à Dampierre.

122. Deux Nimphes, l'une qui dort, & l'autre qui se regarde dans l'eau.

Ces deux figures seront exécutées pour M. le Prince de Turenne, & posées dans les jardins de Navarre.

123. Un grand Médaillon du Roi, en marbre.

Il doit être posé dans la grande Salle de l'Hôtel de Ville à Paris.

124. Le Portrait en marbre du Pere le Cointe.

Cet ouvrage est de la suite des hommes Illustres de Troye.

125. Un Buste, en marbre, Portrait.
126. Un Buste, en talc, Portrait.
127. Un Vase.

Ce morceau de seize pouces de haut, est moulé sur l'Original modelé en terre de porcelaine, qui est dans le Cabinet de Monseigneur le Duc d'Orléans.

128. Une petite Figure en marbre.

Copie de la Nymphe qui se regarde dans l'eau, de dix-huit pouces de proportion.

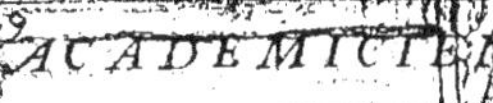

ACADEMICIENS.

Par M. CHALLE, *Académicien.*

129. Un modele représentant un fait de la vie du Grand Turenne. M. le Vicomte de Turenne étoit d'une complexion très-délicate dans son enfance; ce qui faisoit dire à son pere qu'il ne seroit jamais propre aux Travaux Militaires. Piqué de cette prédiction, à l'âge de dix ans il prend la résolution de passer une nuit pendant l'hyver sur les remparts de Sedan. Son Gouverneur inquiet & après l'avoir cherché long-tems le trouva sur l'affût d'un canon où il s'étoit endormi.

130. Le Berger Phorbas passant par le Mont Cytheron accourt aux cris d'un enfant. Il trouve Oedipe pendu par les pieds à un arbre; il le détache, ignorant les malheurs dont il étoit menacé par les Oracles.

131. Mercure portant Bacchus nouvellement né, aux Coribantes, pour le soustraire à la jalousie de Junon.

132. Deux Desseins, projets de Tombeaux.

Par M. CAFFIERI, *Académicien.*

133. Le Portrait de M. Rameau.

Par M. PAJOU, *Académicien.*

134. Une Figure en marbre représentant la Paix.

Elle a deux pieds de hauteur & est pour le Cabinet de M. de la Live de Jully.

135. Une Figure de Pluton, en marbre exécutée par l'Auteur, pour sa réception à l'Académie.

136. Le modele d'une Figure de Fleuve.

Elle est exécutée de quinze pieds de proportion chez M. de Montmartel, à Brunoy.

137. S. Augustin.

Ce modele de deux pieds de haut, doit être exécuté en marbre, de la proportion de huit pieds, pour l'Eglise de l'Hôtel Royal des Invalides.

138. Un Ange.

Ce modele doit être exécuté pour servir de bénitier dans l'Eglise de Saint Louis à Versailles.

139. Une Tête de Vieillard. En terre cuite.
140. Deux Portraits. En terre cuite.

AGRÉÉS.

Par M. DUMONT, Agréé.

141. Le modele d'un Fronton, où sont représentées les armes du Roi : des enfans entourent d'une guirlande de Fleurs le Cartel qui les renferme. aux deux côtés la Peinture & la Sculpture.

Ce Fronton est exécuté à la Manufacture de Porcelaine, à Seve.

142. Deux Baigneuses.

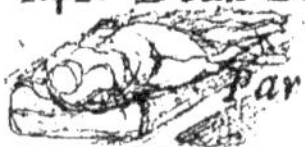

Par M. MIGNOT, Agréé.

143. Une petite Figure de marbre représentant une femme qui dort.

Par M. D'HUE'S, Agréé.

144. S. André en action de graces, prêt d'être martyrisé.

Modele de vingt-six pouces de proportion.

145. L'Amour lançant des traits, de même proportion.

146. Quatre bas Reliefs représentant huit vertus qui tiennent des guirlandes.

Décoration d'un piedestal cilindrique, sur lequel doit être une Urne funéraire.

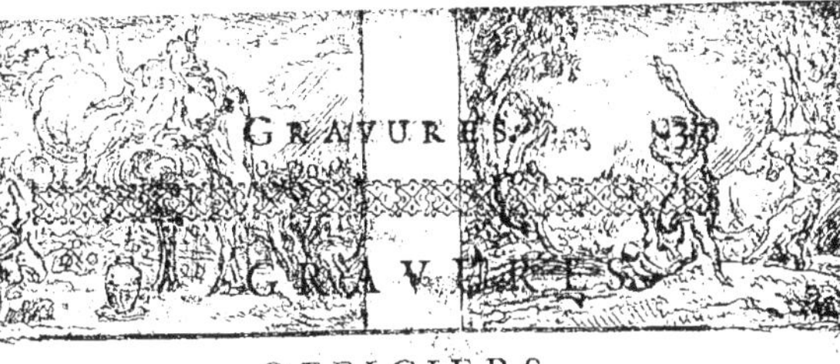

OFFICIERS.

Par M. CARS, *Conseiller.*

147. Le Sacrifice d'Iphigénie.
Hercule combat Cacus.

Ces deux Estampes sont d'après le Moyne.

Le Frontispice du Catalogue de M. M. les Chevaliers de l'Ordre du S. Esprit.

Allégorie d'après le dessein de M. Boucher.

Vignette pour le même Livre, où est la médaille du Roi.

Par M. COCHIN, *Ecuyer, Chevalier de l'Ordre du Roi, Secrétaire de l'Académie.*

148. Licurgue blessé dans une sédition.

Dessein au crayon rouge.

Achevé d'imprimer
le 30 Juin 1911
pour la
Société de reproduction des Dessins de Maîtres
sous la direction d'André Marty
Typographie de Frazier-Soye
Phototypies de Jean Barry

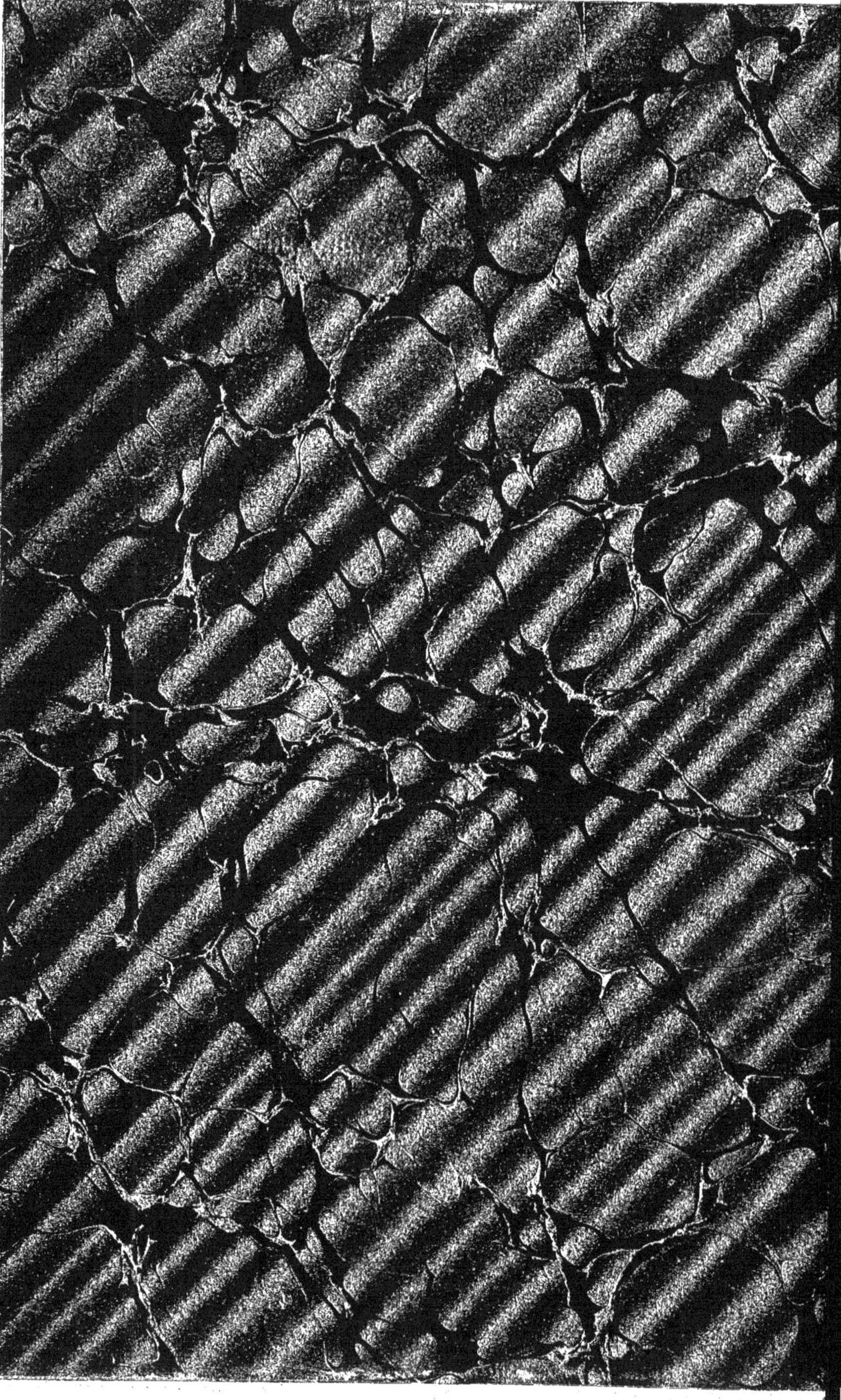

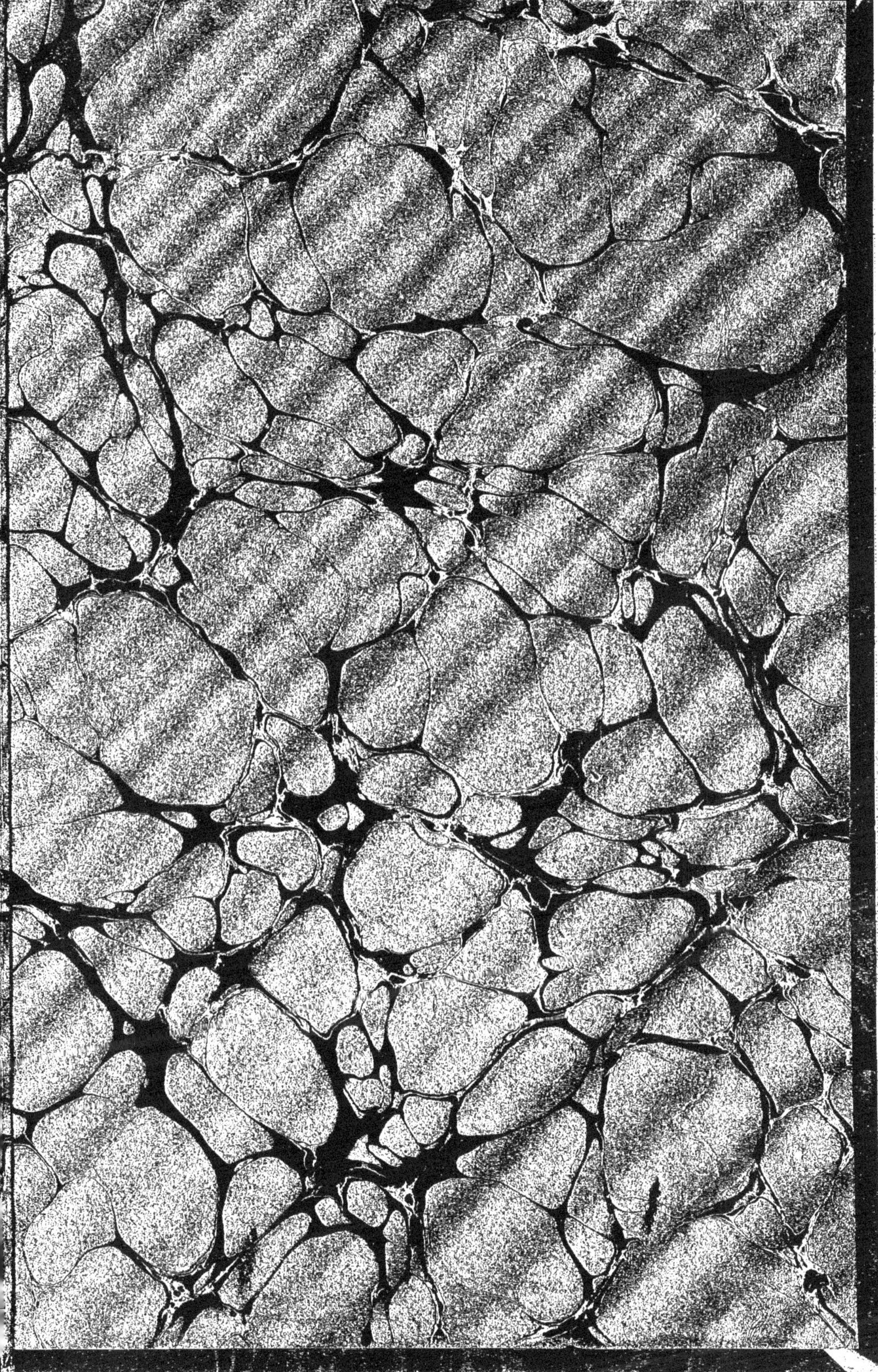

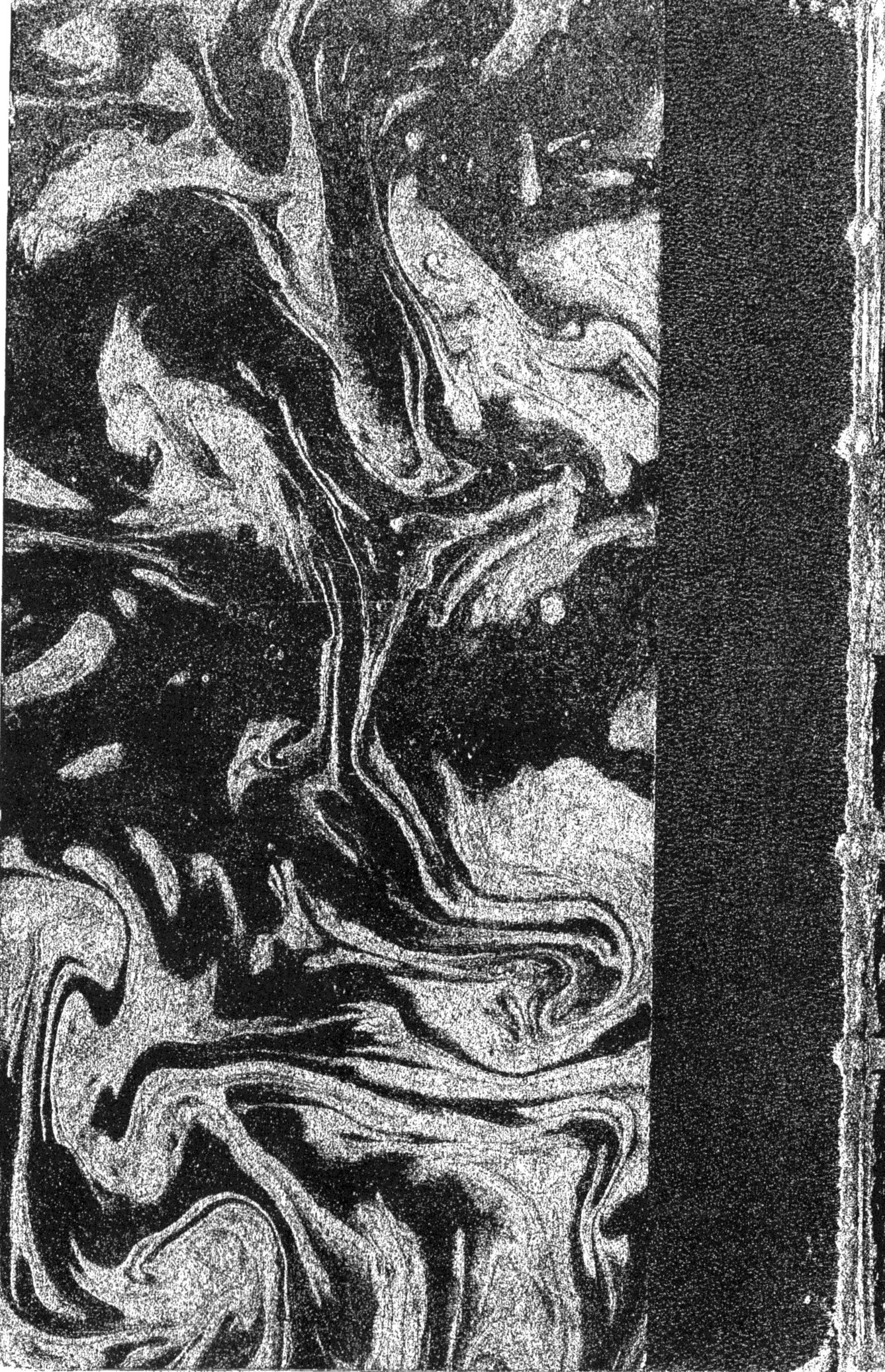

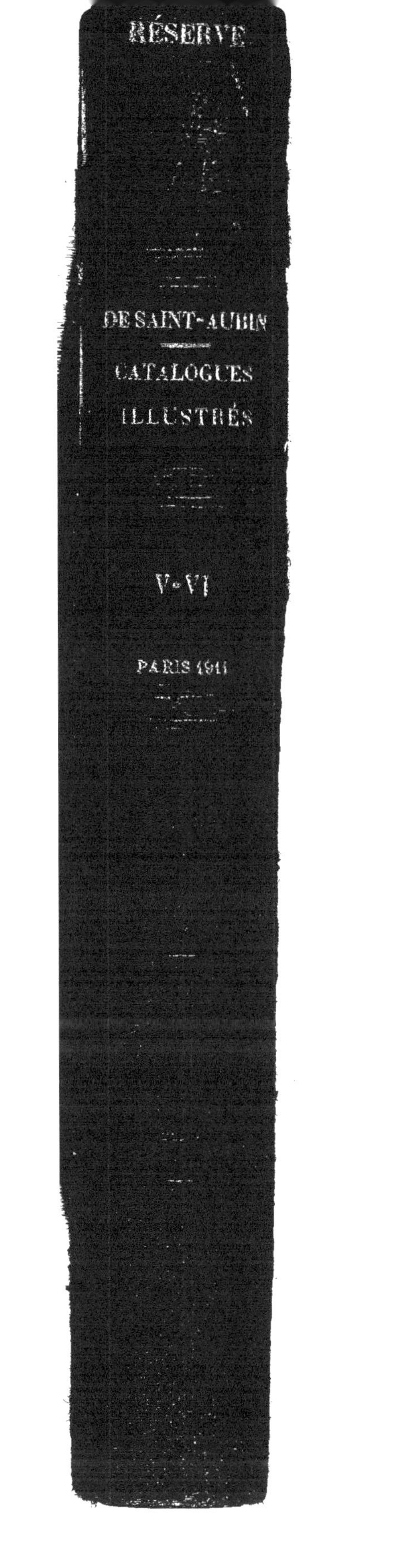
RÉSERVE
DE SAINT-AUBIN
CATALOGUES
ILLUSTRÉS
V-VI
PARIS 1911